遺された言葉

小柳昌之

ハーバー研究所
創業者が語った三十六年

河出書房新社

1

創業者 小柳昌之が語った
ハーバー研究所の風雪

遺された言葉

●目次

装幀　中村　健（モ・ベターデザイン）
編集　塩澤幸登
本文デザイン　茉莉花社編集部

序　編者による長いまえがき

ハーバー研究所の本社は東京の神田須田町にある白亜の八階建てのビルである。ガラス張りの玄関先には大理石が敷きつめられていて、一階はスタッフと外来の訪問者の打合せのためのロビーになっている。

そこに大きな額が掛けられて、「われらの誓い」の全文が掲げられている。これが令和元（二〇一九）年に亡くなられたハーバーの創立者である小柳昌之が唱えた創業の言葉である。こう書かれている。

［われらの誓い］

（1）我々ハーバーグループに於いては、従業員とその家族の幸せがすべてに優先されなければならない。

共に、働く者はみな、良い職場環境の下、自由闊達に意見を言い、のびやかに仕事をし、公平で適切な待遇を受けなければならない。有能な人には、さらなる飛躍の場と昇給、昇格の機会が与えられなければならない。幹部は、能力、人間性、仕事への強い情熱、公平無私な心を持って社内、部下へのコミュニケーションを大切にする者でなければならない。

（2）我々は、顧客に愛され、信頼されなければならない。

顧客を大切にし、顧客の立場で考え、真心のこもったサービスを提供してゆかなければならない。自ら進んで商品を使用し、熟知して、顧客からの受注や問い合わせに正確、迅速に対応してゆかなければならない。

我々は、取引先にも愛され、信頼されなければならない。

共存の理念の下、双方に適切な利益が得られるよう、共に考え、工夫してゆかなければならない。企業との提携においても、信頼と理念を優先させなければならない。

（3）我々は、企業としても、人間としても、進化しつづけなければならない。志を高くし、常に学んで知識見識を深め、広く情報を集め、我らの理想を追い求めなければならない。

研究開発は、企業の中心となる柱であり、未来への翼である。独創的で、安全、高機能、高品質で価格競争力の強い商品を開発してゆかなければならない。

適切な利益を確保し、潤沢な蓄えで将来に備えるため、人員、組織、経費の最小化と、売り上げの最大化をはからなければならない。

株主への配当は、余裕の中から適切に行わなければならない。

（4）我々は、無添加主義を守り、社会に貢献してゆかなければならない。主体性を堅持し、創業の精神を守りつづけなければならない。

商品は、人間にやさしく、環境にやさしく、人々に喜びと幸せを与えるものでなければならない。我々が住み働いているこの地域社会、ひいては地球に感謝し、世の中に有益なことに進んで協力し、参加し、ルールを守り、良き社会人としての責任を果たしてゆかなければならない。

★HABA《ハーバー》は永遠でなければならない。

これを小柳は、「わたしの研究所の社員に対するメッセージなんです」と言っていた。

ハーバー研究所は企業活動を開始してから、二〇二三年五月に満四十年を迎えた。

その四十年のあゆみはいろいろな形で語ることができるのだが、この人間集団の最大の特長は創業者の小柳昌之《こやなぎまさゆき》が利潤の追求を企業活動のなかで最優先課題にしてこなかったことだろう。自分の掟に従って商売するのである。それは儲かればなんでもする、という考え方とは対極的なやり方だった。

HABA《ハーバー》というブランドをベースにした彼の試行錯誤はやがて、二十数年の歳月の経過のなかで、次第に一つのまとまった「企業思想」になっていった。それを端的にまとめたのが、［われらの誓い］だったのだ。

ハーバーが研究所として発足したのは昭和五十一年（一九七六年）だが、研究所を名乗っている以上、それは当然のやり方ともいえるが、現実に昭和五十八年、研究所は研究成果として新しいビタミン剤を開発してそれを新商品として売り出し、昭和六十二年の六月に別仕立てでハーバー株式会社を創設。この会社は約十年あまり生産をおこない、そのあと研究所に吸収合併されている。小柳にとっては、やはりすべての商業活動、営業活動も宣伝も販路開拓のための通販雑誌の編集もすべて、研究という行為に含まれるべき営為だったのである。

HABA《ハーバー》誕生と成長の航跡は数奇なめぐり合わせと、同時に苦難にみちたものだった。

後段で本人が述懐するが、そもそものきっかけは少年時代、ひそかに心に誓った人生の目標にあった。それは世界に雄飛したいという、本人以外からすれば荒唐無稽な夢にしか見えないかもしれない人生のヴィジョンだったが、それが彼を艱難辛苦のすえ、最後には成功へと導く、そういう人生を過ごしたのである。

小柳昌之は東京・池袋でレストランのオーナーとしての仕事をしながら、一九七〇年代の後半に、ハーバー研究所を作って、ビタミン剤の研究をするようになる。そして、次第にわかってきた業界の現状に対してはっきりとした怒り、はげしい憤りを感じるようになっていったのだという。そのときの憤激は一点に限られたものだったが、その怒りはいまも持続していて、ある形を取りつづけているというのだ。

このことをどう考えればいいのだろうか。彼はこういう。

当時のこの業界というのは、わけのわからないものばかりだったんですよ。インチキな売り方をしているところが多くて、これはいいものだと思うものを売っているところが非常に少なかった。あれは弱いものいじめですよね。例えばね、一番それを必要としている六十歳代、七十歳代の女性たちが、テレビを見て反応するわけですが、彼女たちには情報の信憑性とかいうことはなかなか理解しづらいじゃないですか。

小柳がいっているのは、資本の行儀ということである。

彼のこういうセリフを聞きながら、取材をおし進めるなかで、知ったいくつかのことがあった。

実は北海道の札幌市の市役所の館内、一階のフロアに初代の蝦夷地開拓使判官であった島義勇の銅像が建っている。島義勇《しまよしたけ》は幕末の志士、儒学を佐藤一斎、水戸学を藤田東湖、国学を林桜園《はやしおうえん》に学んだ当代一流のインテリ、九州佐賀、鍋島藩で大隈重信、江藤新平らと並んで〝佐賀の七賢〟と呼ばれた人物である。島は家系図的にいうと、小柳の三代前のご先祖様の一人で、曾祖父の兄(父親の父親の義理の父親の)にあたる人物である。

島義勇は戊辰戦争が終わったあと、佐賀藩主の鍋島直正(=鍋島閑叟)のもと蝦夷地開拓使判官を務め、そののち秋田県知事となり、最後は江藤新平らの起こした佐賀の乱に連座して罪に問われ、斬罪梟首の非運に出合う人物である。

佐賀で生活していた小柳の曾祖父らが北海道に屯田兵として移住したのは、一八九五（明治二十八）年のことだが、一族の代表的な人物であった島義勇が命をかけて開拓に取り組んだ北海道の大地へのあこがれと新しいことへの挑戦者の精神があったからに相違ない。（1）

北海道は小柳にとって、単に生まれ育った場所という意味以上の、人間的な存在としての彼の精神の大いなる故郷なのである。明治維新という社会変革を支えた志士たちの性根には「正義」と「冒険」があった。そのふたつのものはみごとに彼の生き方のなかに存在している。ハーバーの事績、小柳の八十年の人生の軌跡を調べるにつけ、その思いを深くした。

細かく調べていくとわかるのだが、彼の心のなかには「正しくありたい」ということと「新しくありたい＝冒険したい」という思いが強烈な倫理意識となって同居している。わたしは、これはやはり、そもそもは血ではないかと思う。つまり、親からの教えというか、先祖から受け継いできた生き方である。

ここであらためて、人生の概略を説明すると、昌之自身の出自はそもそもの曾祖父は前述したように明治二十八年に九州の佐賀から石狩平野に開拓に入った屯田兵であり、彼自身は美唄《びばい》で生まれ夕張で少年時代を過ごして、石炭産業の衰亡を目の当たりに見てきた人である。上京して慶応義塾大学の経済学部に学び、食品会社に就職、その後、独立して池袋の西口でレストランを経営してきている。

これがハーバー研究所設立までの彼の人生の概略である。ハーバー設立からの諸々はこのあと、本人の語るところによるが、小柳の起業家としてのスタンスをもう一度、きちんとした形で説明をしておく。

「資本の行儀」ということを前述したが、これは資本主義が発達すればするほど、資本家はきちんと常識や社会ルールを守り、利益を追求する傍らで、社会的な貢献もし、人の役に立たなければいけないという考え方だ。英語でいうとコンプライアンスなのだが、小柳が言っているのはもっと本質的な資本のストイシズムの問題である。この微妙な問題をどううけとめるのか。彼の心のなかには儲かればなんでもいいという企業活動に対する強い「怒り」がある。

彼はこんなことをいっている。

品評会で受賞する話が新聞とかに載っているじゃないですか、ある商品評価のシステムの話です。これは実はヨーロッパの民間企業がおこなっている私的な品評システムで、商品についてその道に詳しい専門家たちが評価しているというんですが、客観的な立場で他の同類のものと比較するようなことはしていないんです。食品のあらゆる分野について評価するというんですが、お金をもらって評価するシステム、日本の和菓子やお寿司までそこの金賞とか銀賞を受賞しているんです。要するにこれは、かなり主観的な印象採点によるもので、それで商売しているんです。

基準を設定した客観的な評価に基づくのではなく、紛らわしいが他にあるコンクールなどとは全く異質なもの、というのだ。

みんなそれを利用して、そこで金賞とか銀賞とかもらったっていうじゃないですか。地方の名もないところがそこに評価を望むのはまだいいと思うんですよ。だけど、僕は宣伝費も広告の予算も潤沢に持っている大企業にその表彰団体の金賞を3年連続で受賞しましたなんてしてほしくない。あれは同じようにお金を出せば、どこでも取れるものなんですよ。基準がなく、なんでも自分たちの主観で評価する。あれはいかにもどこかの国が絡んでいるように見えますけれど、正式に民間企業で、要するに、そういう評価で食べている会社なんです。なんでも評価する、善し悪しの観念もなく、社会常識として健康被害を盛んにいわれているタバコも優れていると評価するんです。

日本にもその表彰団体に応募しませんかと働きかける代理店が五、六社あって、いまはもっと増えているかもしれませんが、ハーバーにも話が来たことがあります。費用がだいたい二十万〜三十万円かかるんです。

残念ながら日本人はこういう売り込みにすごく弱い。

わたし(=編者)の雑誌編集者時代の経験談を書くのだが、一九八〇年代のことだ。

日本で韓国の女性アイドル歌手が「韓国で人気爆発!」をキャッチフレーズにしてデビューした。デビュー曲とLPを日本の売れっ子の作詞家と作曲家がてがけていて、いい作品だったのだが、機会があってその時期に韓国に長期滞在したのだが、この歌手が韓国でも「日本で人気爆発!」と謳っていたのである。なんのことはなく、日本でも韓国でも新人アイドルとして売り出すためにそれぞれの国で、話を盛っていたのだった。

この仕掛けは韓国での顛末は残念ながら分からないが、日本では不発に終わった。

同じような話だが、アメリカの大学の学位が新聞広告などで売り出されたこともあった。日本人はこういう外国で評価を受けたものだという評判に極端に弱いのである。

ハワイのなんとか大学だとか、そういうなんとか大学なんていうのは実体がなくて出せる学位じゃないですか。学位だけなんだから。それを自分の冠に掲げる人もいますよね。それと同じでお金を出せば一等賞ですというのはなんの基準もないじゃないですか。それを大きな資本のところがしちゃいけない。一生懸命に真面目にやっている小さい資本のところがするのはしょうがないと思うんです。うちだって誘われましたからね。上手に装って、あそこはすごいですよ、応募したら絶対に金賞が取れますよ、と。でも、その実態はなにからなにまで評価する金儲けですからね。僕の怒りはそういうことに対する怒りなんですよ。

だから、僕はそういうものを作りたくない。ハーバーの商品のラインは健康食品だって化粧品だっていろいろあるように見えるけど、健康食品の品数は少ないし、化粧品だって用途のダブらないもの、成分のダブらないものを作っているんです。

それが僕の怒りです。なんでこんなもの、消費者をバカにしている。だから僕はうちの会社を永久に残さないといけない、そう思っているんです。そうしないと、消費者にわかってもらえない。

創業の経緯は「2創業神話の周辺」の57ページ以降でちょっとふれているが、あれから三十数年が経過して、いまもそのときの怒りの形をはっきりと記憶しているということは、そのことが創業の精神の核心だったということである。さらにいえば、ＨＡＢＡはそのことを出発点にして昭和から平成にかけての風雪を乗り越えてきたということでもある。そのことについて彼は語り始める。

一九八〇年代の日本の化粧品の状況というのは、かなりひどかったんです。外国ではあんまりそんなことないんです。チョチョッとなんかつけるだけですよ。ところが日本では女性の肌で実験をしているようなものだったんですよ。あれこれと分類していろんな化粧品を六種類も七種類も揃えて、あれも使え、これも使えって。いろんな化粧品を買わせて、これで大丈夫だと。すごいお金を使わせる。ボクはそういう商売のし方にも、ものすごい怒りを感じていたんです。

そういうことがあって、スクワランという優れた商品素材に出合った。そして、妥当な値段のスクワランの本物を出そうと思ったんです。本当にいいものだったらきっと売れるはずだ、と思った。それで究極の混ぜもののない、最高のものを作ろうと思って、その作業に取りかかって、関連の会社が尽力してくれて、純度の高いものが手に入ったんです。だけど、そのときはまだスクワランがなぜいいのかという、理論的なことがぼんやりとしかわかっていなかったんです。これは日本ではわからなかったんです。

スクワランで商売をやりながら、スクワランを調べつづけていたんですけれど、こういうものだということがわかったのはアメリカに行ったときのことだったんですよ。アメリカに進出することを考えていて、それに関連して紹介された人がオレゴン州にいた。それで、オレゴン州でその紹介された人といっしょに、スクワランというのを調べてみたんですよ。それで、オレゴンの大学のコンピュータで検索してもらったら、データが大量に出てきたんです。全部英文で、いやになるほどたくさんあって、スクワランもスクワレンも出てきた。

わたしは英語は苦手なんだけど、資料を探しつづけていて、英語の資料に出合った。やっぱり、それは執念ですよ。わたしが自分で見つけた。スペインの資料でしたね。いろいろなことがわかった。


この資料の発見によって、それまで知らなかった事実が大量に判明した。

まず、スクワランはサメからも取れるが、オリーブオイルのなかにも微妙に含まれているものだということもわかった。しかし、ほとんどはサメ肝油から取れて、高級化粧品を作る材料になっている。

そういうこともわかった。

見つけたデータのなかで最も衝撃的だったのは、スペインの脂肪肝研究所というところの研究員が書いた資料だった。その資料のなかには、スクワランが肌にいい理由が列挙されていて、一番代表的なものはスクワランを皮膚に塗布すると、皮膚呼吸が促進され、皮膚が自然に潤っていくことだった。その資料には、スクワランがいっしょにつけたものの成分を肌のなかに引き摺り込む力（ビィーグル効果）をもっているとか、ホルモン効果（女性ホルモンの分泌を促す効果）があるというようなことも書いてあったという。この周辺のことは付録1の「10周年、研究所のメッセージ」に詳しいことを本人が書いている。その部分と話が重複するが、重要なことなのでここでも書き置く。

一番に驚いたのは、スクワランといっしょになんらかの成分を与えると、スクワランがその成分を皮膚のなかに引っ張り込む力を持っているということでした。ぼくはそういうことはぜんぜん知らないでいた。なるほど、スクワランにはそういう力があるのか、と思ったんです。ぼくは最初、スクワランだけ売ればいい、ということでやっていたんですよ。だけどそれだと値段が高すぎて、たくさん買わなければならなくなる。そのころ、コストが高くて、お客さんの定着率が悪かったんですよ。

いくらいいものでも、正しい使い方を知らなかった。スクワランがなにものでどうなのかということも知らなかった。これによって、スクワランとは別に、化粧水が必要なんだということがわかったんです。スクワランといっしょに化粧水を与えると、化粧水の保湿成分を肌に引き込んでくれる……それがわかった。そこで、化粧水の添加物という問題にぶつかった。既成のものでない、無添加の化粧水を作らなければいけないと考えた。いろいろと調べたのですが、既にあるものはどれもなにかが含まれている。ぼくはそこで、安全ということを追求した化粧水でなければと思った。ここで腹を決めたんです。

化粧品が安全かどうかの判断、その見極めというのは非常に難しい問題だった。

編者（＝塩澤）が小柳のインタビューを始めることになったとき、彼から「うちは男性用の化粧品も作っているんです」といわれて、男性用のシャンプーをいただいた。ふだん、わたしはシャンプーなど使わずに、シャワーを浴びるときにお湯で洗い流すだけなのだが、この洗髪料を使って髪の毛を洗うと、洗髪後、髪の毛に心持ちツヤがあり、サラサラした感じもして、とても気持ちがよかった。

そのことを小柳に告げると、彼はこう言った。

髪の毛というのは、実はI・Hさんという有名な作家さんがいるんですが、かれは全然、髪の毛を洗わないといっているんです。月に一、二回しか洗髪しないと。実際のI・Hさんがどういう頻度でどういう洗い方をしているか、よく知りませんが、じつは、たまにお湯で洗うだけというのは、ホントは一番いいやり方なんです。

I・Hさんは今年で九十歳になるはずだが、いまでも時々、テレビで見かける。いつも同じような形に、なにかで固めたような髪型で、みていてなんとなく息苦しくなってくるのだが、あれは正しいやり方らしい。

シャンプーはあとでサッパリするという効用はあるのですが、本当は髪の毛にも頭皮にもすごく大きなダメージを与えるんです。うちのシャンプーはスクワランを入れたり、粉末の朝鮮人参を入れて、ものすごく工夫をして作っているんですが、それでもやっぱり、洗わない方がいいと思います。汚れたときにはお湯だけで洗うとか、そういう洗い方が一番いいんです。たまにね、お湯だけで落ちない汚れがたまったときにシャンプーで洗うことは必要ですよ。

自社の自慢の製品だが、それでも始終、日常的には使いつづけるな、というのである。

ぼくがどうしてこんな言い方をするかというと、シャンプーは界面活性剤で出来ているからなんです。シャンプーだけでなく、洗濯用洗剤、クレンジングクリーム、これらは全部、乳化剤というか界面活性剤です。よごれをごっそり洗い流してしまう。ですから、界面活性剤が化粧品のすべてみたいなところがあるんですよ。基本的には強いのを使うのか、量が多いか少ないかがすべてなんです。原理的にはまったく同じだと思います、人間の身体というのは全身を脂で守られているんです。脂がないと身体の水分が蒸発して、干涸らびて死んでしまうんですよ。

そういって、小柳は水の入ったコップのたとえ話をした。

水の入ったコップをふたつ用意し、片方に油を一滴たらしておくと、油をたらした方は水分が全然蒸発しない。油をたらしていない方はドンドン蒸発してしまう。一種のコーティング効果である。油を使えば、人の身体は潤いを保つことが出来る。

お化粧というのはいろいろな化粧品を顔に一度にワーッとつけるわけだから、それを取るためにどうしてもクレンジングクリームを使わざるをえない。化粧品が悪いのか、クレンジングが悪いのか、クレンジングというのは化粧品だけ落とすわけではないので、要するに皮膚の、細胞の上にある、皮膚をつくっているセラミドからなにから、みんないっしょに拭き取ってしまう。

そのうえにしばらくすると、また化粧するわけだから、そこのところでなにも手当てしなければ肌がひどい状態になってしまうのは当たり前のことなのだ。しかし、女性は化粧しないわけにいかない。

その当時、化粧品の問題を考えるときに、避けて通るわけにいかない問題が二つあった。

それは界面活性剤のことと、表示指定成分をどう考えるかという問題である。

お化粧はそもそも人間に社会生活の部分がなければ、必要のないものということがいえる。家から外に出て、初めて会う人も知り合いも始終、顔を合わせている人も、みんな、相手に見苦しい思いをさせないようにと、姿形を整えて、つまりファッションに気を使い、居住まいを正して、女性の場合、出来るだけ好印象を持ってもらえるようなお化粧をして人と交わって仕事する。

人間の社会性、――ここから化粧が、どんなに必要悪であろうとなければならないものになっていくのだ。

この原稿を書いているのは二〇二二年なのだが、今日のネットの世界でのことなのだが、アメーバのブログを読んでいて、面白い原稿をふたつ見つけた。いずれも、身体や顔の手入れの仕方についての主張である。いずれも一部分引用である。

まず、『ミニマリストになりたい』というタイトルの、ある有名なM・Aさんというミニマリストとして活躍しておられる方のブログがあるのだが、そこにはこう書かれていた。

○ボディソープ、ボディタオルを使って丁寧に洗っていた頃、乾燥に悩んでいましたが、やめて年月が過ぎると乾燥していた頃の感覚を忘れつつあります。冬はお湯だけで手で丁寧に体を洗うようになったら肌の乾燥の悩みがなくなりました。

10年前の私だったらボディクリームやボディソープのメーカーを詳しく言えたと思いますが、今はわかりません。「お湯を使って手でやさしく洗う」これはブログにも何回も書いていて気に入っています。これが「商品」だったらとてもよいものなので、広告を貼り付けてバカ売れして飛行船でも買えるのではないかとも思います。
○ボディクリームを塗る習慣を捨てボディソープ、ボディブラシで丁寧に洗う習慣を捨て髪、顔、文字どおり全身を某ブランドのシャンプー1本で手で洗う生活に突入しました。その1本で冬の肌の悩みがおもしろいほどになくなりました。
入浴剤、トリートメントを使わなくなると風呂のカビも減りました。また「ものすごく疲れて老ける」ことは20代後半の私にとって恐ろしく恥ずかしいことでした。それが予想に反して「やめ生活」で私の肌はコンディションが良くなりました。本当は、まともなスキンケアもできないくらい追い詰められ大変な状況にあることをボロボロになる姿をさらすことで、みんなわかってくれるはずだとどこかで計算もしていました。ところが「丁寧スキンケア」をやめるにつれてボロボロになるどころか元気になりました。

そして、もうひとつ。ある有名な雑誌のホームページの美容記事なのだが、「おばさん化がすすむ朝のNG洗顔法」というタイトルの記事。こちらは朝、お湯で顔を洗うだけで済ませることを戒めている内容だ。

○忙しい朝、起きたら洗顔料を使わずに素洗いで洗顔を済ませるという声をちらほらと聞きます。確かに省略できるものは省略したいですが、もしそれが老化の原因になっているとしたらすぐにやめたいところです。ぬるま湯や水でも汗やホコリは洗い流せます。しかし、皮脂汚れは残りやすいのです。寝ている間にも皮脂は出ます。起きるとちょっと肌がベトベトしているという経験をしたことがある方もいるでしょう。そのベトベトは、洗顔料でないと残ってしまうのです。肌に残った皮脂は、ニキビの原因にもなります。さらに、肌老化を招いてしまうことも……！　素洗いをした後に化粧水や美容液などをつけても、浸透が悪くなってしまいます。いくら高い美容液を使っていても、これではガッカリ。さらに、皮脂が毛穴トラブルの原因になることも。こうなると、メイク乗りも悪くなってしまいます。つるんと若々しい肌にしたいなら、朝にも洗顔料を使うことをオススメします。朝から洗顔料を使うと、肌がつっぱって乾燥すると感じる方もいるようです。夜はクレンジング剤を使うこともあって、比較的さっぱりした使い心地の洗顔料が好まれます。朝はメイク落としなども必要ないですから、さっぱりとした洗顔料はつっぱりを感じることもあるでしょう。そこで、乾燥肌用・敏感肌用などと書かれた、しっとりタイプの洗顔料を使ってみてはいかがでしょうか。

片方は身体の話で、もう片方は顔の話なのだが、この二つの考え方は基本的に対立している。

有名な雑誌というのは実はマガジンハウス発行の女性誌の『アンアン』である。同社は代表的な商業主義出版社だ。じつはわたしも昔、マガジンハウスで雑誌編集に携わっていた（三十二年間である）人間なのだが、こういう文章を読むと、思い出すと慚愧の念に堪えない、苦い思い出がある。もう三十数年前の雑誌『ターザン』を創刊したときだから、一九八六年のことなのだが、某広告代理店を通して新発売のボディシャンプーの編集部製作の広告ページ（タイアップという）のリクエストがあった。一号につき2頁（多分二百万円くらい）、これを一年分だから二十五冊で年間契約五千万円ほど、編集部にバカにならない直接制作費が入ってくるから有り難い仕事だった。ボディシャンプーというのは大手メーカーなどでいまも一般に売られている商品。それなりに優れた商品だったのだが、シャンプーだから界面活性剤の賜物ではあった。

そのメーカーはそのころ、食器洗いの台所洗剤などの界面活性剤の問題を抱えていて、これは環境汚染、公害問題でもあったのだが、正直に書くとわたしたち編集部員にそういう意識はほとんどなく、広告料金のもたらす編集予算の縛りを緩めてもらえる有り難さに何の文句もなかった。

そのとき、わたしたちが考えていたのは「清潔」という問題で、人間はそのままの状態では汚れた存在なのだという自意識だった。キリスト教などもそうだが、生きること自体が身体が汚れることという原罪意識のようなものが清潔ということに結びついて、そのよごれはボディシャンプーを使うことで身体はサッパリして清潔を保つことが出来る、ということがわたしたちの基本的な考え方だった。このころのわたしたちは身体のあり方としての自然の状態は汚れていて不潔、という考え方だった。皮膚表面の皮脂は身体保護のために必要なもので、界面活性剤の使用が顔についた汚れだけでなく、その皮脂をごっそりぬぐい取ってしまうということなど、ほとんど考えなかった。

雑誌『アンアン』の主張とミニマリストであるM・Aさんの主張とは対極的であるのだが、『アンアン』の主張はいかにもマガジンハウスらしく消費行為優先で、もっとお金を使って新しい化粧品を手に入れろという提言である。雑誌が相変わらず広告依存で成立している以上やむをえないのだろうが、その言い分のなかには皮脂のつくる油膜が身体を正常に保つ役割を果たすものだという認識がほとんどない。

M・Aさんのミニマリズム的な主張はそういう消費万能の考え方に一石を投じるものなのだが、基本的に顔もお湯で洗って済ませているだけであれば、職場を持ってそこで男子に混じって働き、人と出会うというようなことがあまりない人の暮らし方である。

ビジネスの世界で生きていたら、女性は化粧しないわけにいかない。

いま、これらのことを念頭に考えてみると、あのころのわたしたちは清潔という概念を素朴に考えすぎていた。生きるということは汚れること、そのよごれをやたらに全面否定してもしょうがないではないか、というのがいまのわたしの考え方である。小柳昌之も自社の洗髪料に絡ませて、わたしと同じような考え方をしているのがわかる。メイクアップ化粧品とクレンジングクリームがなければ、界面活性剤を使って顔を洗う作業など必要ないのである。それこそ、お湯で洗うだけで十分なのだ。お化粧という行為が持つ、ある種の社会性が界面活性剤と、それを用いた後のあと始末を必要としているのである。

最初、彼が興味を持ったのは、どうしてビタミン剤を飲んでも効果がないのだろうかという疑問に関係した部分、つまりお化粧のうちの肌の手入れのことだけだった。肌の手入れに使われる化粧品を基礎化粧品という。美しく形を整える口紅やファンデーション、アイシャドーなどはメイクアップ用化粧品である。要注意の旧表示指定成分はメイクアップ用化粧品に使われていることが多いのである。

ここから問題を界面活性剤と旧表示指定成分とのふたつに分けて考えなければならない。

界面活性剤とはなにか。界面活性剤についての資料のなかでの記述はシビアでハードなものからソフトな記述を心がけているものまで、手元に五冊ほどある。一九八〇年代の周辺で書かれたものはいずれも告発調で、難詰調だが、そういうなかでの最新資料、二〇一四年に薬事日報社から刊行された『化粧品ハンドブック』の記事を紹介しよう。この本が界面活性剤について、一番冷静である。

［界面活性剤］

界面活性剤は、化粧品の種類に関係なくほとんどの化粧品に配合され化粧品製剤化に必要不可欠な原料と言っても過言ではない。分類方法も種々あるが、多く用いられているのがイオン型による分類である。即ち、イオン性界面活性剤（アニオン界面活性剤、カチオン界面活性剤及び両性界面活性剤）と非イオン界面活性剤の４種類である。（略）

これら界面活性剤は、現在、粧工連の化粧品成分表示名称リストに１，０００成分以上収録されており、化粧品材料の大きな柱となっている。中でも非イオン界面活性剤は約８００成分が収載され、次にアニオン界面活性剤が約１７０成分収載されている。

［界面活性剤の使用目的と応用］

乳化作用：クリーム、乳液等の基礎化粧品は水を含む水溶性成分と油溶性成分が基剤となり構成されているが、当然これらのみでは分離し製剤化することはできない。それを均一に混合する目的、即ち乳化するために用いられるのが界面活性剤である。

可溶化作用：（略）

分散作用：乳化ファンデーション等の製品は、油溶性成分、水溶性成分及び粉体成分から構成されるが、乳化のみならず、粉体類が合一することなく均一に交じり合う・分散することを目的として配合する活性剤である。（略）

洗浄・起泡作用：石けん、シャンプー、洗顔クリーム等の製剤化に用いられる。主にアニオン界面活性剤が用いられる。代表例は（略）脂肪酸石けんである。これらは「石けん素地」として広く汎用されている。

帯電防止作用：洗髪後にサラサラした質感、櫛通りを良くし、それを持続する目的で、ヘアリンス等に配合するもので、カチオン界面活性剤が用いられる。（これは）一般的に殺菌性が強いので、洗い流す製品限定にするとか、安全性を確認する必要がある。（2）

このあとも、細かな成分分析の記事が続くのだが、引用はここまでにしておく。ここでは化粧品に使われている界面活性剤のことにしか言及がないが、別の資料には界面活性剤は「マーガリン、マヨネーズ、アイスクリーム、パン、カレールウ、めん類等に使用されている」という記述がある。（3）

日常、わたしたちが口にしている食品に使用されている界面活性剤は安全なものである、という。

界面活性剤は要するに、化粧という行為にとって、避けて通れない「必要悪」である。

先般、『週刊新潮』が「問題は界面活性剤の質と量だった〜『化粧品』と『肌ダメージ』の商品リスト」という特集記事を作って、化粧品各社の界面活性剤を使った危険化粧品リストを掲げている。（4）

界面活性剤というのは、社会生活上は必要不可欠なものなのである。このリストのなかには大手の化粧品会社のいろいろな化粧品が含まれているが、幸いなことにＨＡＢＡの化粧品はこのリストにはない。このことは第七章でもふれている。

普通に化粧という行為をおこなうとき、界面活性剤の含まれる商品を使わざるをえない以上、使ったときのあと始末をどうすればいいか、問題はそのことなのだが、そのために小柳はまず、スクワランを矢面に立たせて、戦おうとしたのである。このあと、第二章以降で小柳が詳しく説明してくれるが、スクワランはそれだけで基礎化粧品として優れた効果を持っている。

新しい化粧品を研究開発するときの彼の説明を聞いていて、わたしが連想したのは雑誌作りだった。

雑誌の創刊作業は化粧品の新商品の発売とよく似ている。雑誌の定期購読者も通信販売の顧客と同じように流動的で、不定型な存在である。あたりをつけて、こんなものだろうと思って企画を並べると、売上が前の号よりちょっと少なくなる。

新しい考え方を提案しないと、実売部数は漸減していく。つねに新しい読者を取り込んでいく努力を怠ることができないのだ。

化粧品も雑誌も同じである。面白くて（役に立つ）新しい要素を次に作るもののなかにどう取り入れて、どうやって古くなったものを削り落としていくか、これはかなりの難事業なのである。

【註】

（1）この周辺の話は本書の兄弟篇である『北の男～激流篇～』（二〇一六年　河出書房新社発行、塩澤幸登著）に詳述しているので、そちらをお読みいただきたい。

（2）『基礎から応用までよくわかる！　化粧品ハンドブック』二〇一四年刊　薬事日報社編　P・111

（3）『化粧品成分ガイド』二〇一五年刊　フレグランスジャーナル社　宇山光男他著　P・317

（4）『週刊新潮』二〇一八年九月二十七日号　P・24

第一章　創業の記憶

なにから話せばいいでしょうか。そうですね。まず、HABA《ハーバー》の始まった経緯ですね。

じつはハーバー研究所を始めるころ、わたしはまだ水商売の世界にいたのです。なにかしなくちゃと思って研究所を作ったのが昭和五十一年のことです。それで、そこでの研究の成果をもとに新しく起業に挑戦したのが昭和五十八年（一九八三年）のことです。

水商売というのは、池袋の西口の繁華街のはずれで営業していた『壺の家』というパブ・レストランだったんです。この店は昭和四十九年にオープンしましたから、ハーバーで本格的に起業したときにはもう十年たっていた。わたしはもうあのとき、四十四歳になっていました。それで、そろそろ水商売からは足を洗おうと思っていました。

まず、わたしが「壺の家」をもうやめようと思った一番の理由なんですけれども、もともと前に勤めていた会社（＝フタバ食品）を辞めるときに、友人たちにも「腰掛けのつもりで水商売をするんだ」といっていたんですよ。仲のいい友だちのなかには「おまえさん、いつまでもそれをやってる場合じゃないだろう」なんていうヤツもいた。昔の知り合いみんなが「アイツはいつまで水商売しているんだ」と思っていたと思うんですが、つづけているうちに気楽で、居心地が良くて、ズルズルと長くやってしまったんですけれども、やっぱりもう若くないということだったんだと思うのですが、朝がた、まだお客さんがいるのに居眠りをするようになってしまったんです。

でもそのときも、わたしは自分なりに将来のことをいろいろと考えていたんですよ。

それで、わたしは自分がこの状態をこのまま つづけたら身体を壊すな、と思った。

健康についてはまだ若いころから興味があって、一生懸命に勉強しましたから、ある程度の知識はあって、自分でこれは危険信号だな、と思ったんです。

水商売から足を洗う時点では、並行してやっていた［研究所］でつづけていた研究が成果を上げて、新商品を作り出せるところにたどり着いていた。それでレストランを廃業したわけです。

わたしは一九七〇年代はずっとレストランのオーナーだったんです。ああいう商売というのは上手くいけば、毎日しっかり日銭が入ってくるし、それなりに華やかな存在で、楽しい仕事ではあったんです。でも、深夜営業で朝の五時とか六時とか、明け方の閉店時間にも必ず店にいて、会計を閉めなきゃいけないし、客商売ですからね、いつもバタバタしていて、楽しいんだけど慌ただしくて、腰を落ち着けて人生について深く考えるような時間もなかなか取れなかったんです。

それで、わたしはこういう生活はもういい加減にしようと思った。

わたしがなにかしなければと思ってハーバー研究所を作ったのは昭和五十一年なんです。そのときのわたしの気持ちなんですけど、なんかやろうと考えたときに、先になにをするか決めてから、それに取りかかるのは無理だと思ったんですよ。

頭のなかも気持ちも整理できていなくて、なにをしたいのか決められなかったんです。とにかく、走りながら考えればいいやみたいな考え方でいこうと思っていた。考えて考えて、というのじゃなくて、なんでもいいから一歩踏み出そう、みたいな考え方です。


わたしの考えでは起業というのは、頭からあんまり緻密になにをやるかを決めて、それだけ一生懸命におこなうという考え方をするモノじゃないと思うんですよ、一般論はわかりませんが、少なくともわたしの場合、そのへんはすごく曖昧でした。直感みたいなモノで行動するわけですけど、なにか始めるときというのはあまりガチガチにならないで、ある程度いい加減で大ざっぱな方がいいんじゃないでしょうか。

そもそも現実自体がよくわかっていないのですから。もちろん勉強しなきゃならないんだけど、最初の目標だけにしがみついていたら、失敗するに決まっていますよ。どこにどのくらい儲けが潜んでいるかなんて前もってわかるわけがない。世の中はむしろ、「損」の方がそこら中に転がっているからね。

法務省にいって、ハーバーの登記簿謄本を見てもらうとわかるのですが、研究所を設立したのは昭和五十一年五月、それで実際にビジネスを始めるときに、商売は研究とは別勘定だと考えて、研究所とは別組織のハーバー株式会社というのを作った。これの設立が昭和五十八年五月でした。ですから、この時点でわたしがずっと研究しつづけていたことの成果が形になって、いよいよ新しい事業に取り組む準備ができたんです。

そして、創業から最初の十年間でしたか、平成三年までは研究所とハーバー株式会社を分けて考えていたんです。このハーバー株式会社はいま、北海道の生産拠点になっているハーバー（株）とは別の会社で、創業の十年後に、役目を終える形で研究所の一部に吸収合併したんです。

とにかく、水商売のかたわら、研究所をつづけながらずっと新しいビジネスに挑戦したいというスタンスでチャンスを探しつづけていたわけです。

わたしはやっぱり職人とか技術者じゃなかったんですよ。自分が手に職を持つことや技術を磨くことが最重要だと考えるタイプの人間だったら、たぶん自分が作ったパブ・レストランがますます繁盛するように、あれこれと工夫を凝らして、店の数をふやすとか、弟子を育てて、商売を大きくしていくことを考えたと思うのですけど、そんな発想はなかったのです。

水商売はやっぱり一時的な腰掛け仕事で、それを十年もしてしまったと思っていたんです。

自分が思い描いていた人生はこんなものじゃなかったはずだという、内心忸怩たる思いがあった。

これはやっぱり、自分が子供の頃から夢に見てきた、人にいうと笑われるんですけど、海賊になりたいとか、世界に雄飛したいという、人から見れば荒唐無稽な夢が影響していたと思うんです。

わたしはまだ二十代のうちに大森実さんが主宰した「太平洋大学」に参加したり、海外旅行や留学を何度か経験していたんです。そのことがやっぱり、自分の人生が水商売で終わってたまるかと思わせる原動力になったと思います。わたしはいつもなにかチャンスを探していた。そして、水商売ではないビジネスの起業をいつも自分の将来のイメージの念頭に置いて人生を考えていた。店を閉める何年か前から日常的に、いつもなにか新しいビジネスとして取り組めることを研究していた。それで、自分が作った会社にも研究所という名称をつけたわけです。

考えてみると、水商売の世界に入ってからもそうですが、わたしはホントにずっと食べ物ということに関係した商売をしてきたと思います。学生時代にやった最後のアルバイトがアイスクリーム、そのあと蒸かしまんじゅう、駅弁などなど……バイトしていた会社に大学を卒業してそのまま就職しちゃったんですけど、正社員として勤めたところが食べもの関連だったんです。

そこから、食品についての知識が広がっていった。身体と栄養ということについて、それなりに一生懸命に勉強しましたからね。

それとつながっている栄養学的に見た食べ物、それから人間の身体の機能、健康という問題もあったし、自分では気がつかずにいたんですけれど、あらためて振り返ってみると、わたしがしていたことは端的にいうと、一貫して「健康」ということに関わりつづけていた。

それとアメリカの話です。

わたしが最初にアメリカにいったのは、まだ二十代で一九六八年のことで、お話ししたように「太平洋大学」に参加してのことだったんですが、その後も勤務先のフタバ食品というところのアメリカ留学制度を利用して、アメリカに行ったんです。

そこでいろいろなことを見聞きして変化しつづけるアメリカを見て、日本もたぶん同じように変わっていくだろうと思った。これからは政治運動とか労働運動に興味を持つ時代じゃなくて、自分の生活や身体の健康に気を遣って生きていく時代が来るだろうと思った。

このフタバ食品に勤めていたときのアメリカへの留学経験がわたしにすごく大きな影響を与えたのです。

アメリカの食産業事情を見聞して回って、アメリカと日本の食文化の相違に圧倒的に驚かされたんです。どう考えても、そのころの日本はその分野はまったく未発達のままだったのです。ということは、冷静に考えると、日本の食文化は将来、大きく変化して発展する余地が残されていたということだと思ったわけです。

そう認識できたことで、健康と食べ物に関することで新しいビジネスに挑戦してみようと思った。

それで、「ハーバー」という会社名の話です。

最初、どういう名前の会社にしようかと考えたんです。

会社名を探している最中に、日本経済新聞の日曜版だったと思うんですけど、ある記事を読んだ。アメリカの大きなスーパーマーケットが自然食品とか赤ちゃん向けのものだとか、そういうようなものを集めて置いているコーナーをＨＡＢＡと呼んでいる、と書いてあった。ＨＡＢＡというのはHealth Aid Beauty Aid（美と健康を助けるという意味）の略語なんだけれど、ハーバーと読むんです。最近はそういう商品もＨＡＢＡと書いてハーバーと呼ぶようになったという記事が載っていたんですよ。

それを読んで、すぐ商標を取りにいったんですけど、「ハーバー」というのは港のハーバーと同じで、商標が取れなかったんです、最初は。

英語だったらスペルが違うから取れていたかもしれないんだけど。ところがこちらがモタモタしていてしばらくしてまた申請を出したら、前の持ち主が更新を忘れたのかストンと取れた。それで、それが社名になったわけです。

ただのハーバーじゃなくて、研究所とつけたのは、自分でそれなりに考えるところがあってのことなんです。研究所という称号にはこだわっていたんです。これはもう最初から研究所にしようと考えていた。なぜっていわれても困るんだけど、わたしの潜在意識みたいなもので、ただの金儲けの会社じゃないんだ、社会の役に立つことをするんだみたいなこだわりがあった。

いい商品をじっくり作るところということを名前で表現したかったんです。そういうものを研究して作っていきたい、と。美と健康を助ける研究所というのが無条件でカッコいいと思ったんですよ。「研究」というのはわたしがビジネスをしていく上での重要なこだわりのひとつなんです。

これを見てもらうとわかりますが、ハーバー研究所の登記簿の定款の最初の項目は食品の加工販売、つづいて化粧品、医薬部外品となっていました。それにつづいて健康機器・美容機器の販売、衣料品の製造販売、カルチャースクールや美容教室、美容室そのモノの経営ほか、まあ、思いつくかぎりの様々な生活ジャンルにかかわる項目のビジネスを並べました。あとから追加した項目もありますが、それは会社として事業を確立し、存続しようとする歴史のなかで、必然的に、ある時点で手懸ける可能性が生じた商売だったのです。だから、この定款の項目の多様さはぼくの心がそれほど、なにをしようかと思い悩んだ証拠みたいなモノですよ。なにをするのが一番いいかわからずにいたのですが、やっぱり新しい、将来、大きく発展する可能性のある商売に取り組みたいと考えていた。

そんなふうにして、ずっとなにか面白い情報はないかと探しつづけていた。その最中にたまたま、あるところがビタミン添付の健康食品を発売するという話を小耳に挟んだんです。ビタミンがいい、と。これから大きく発展する可能性がある、と。

わたしがどうやってその情報を手に入れたかというと、そのころ、たまたまなのですが、弟が健康食品の販売に関係する立場にいたんです。弟から栄養剤とかダイエット食品とか、そういうたぐいのものがものすごい勢いで売り上げを伸ばしているという話を聞いていたんです。儲けもすごい、将来有望だと、そんな話も小耳に挟んだ。そんな経緯で、まず一番最初に研究対象として選んだのがビタミン剤だったんです。

そして、わたしはまずそのメーカーの講習会を受けにいった。そこの商品の話を聞いたんですけれども、なるほどな、と思った。それまでも、『壺の家』も水商売ですからね。いずれ廃れるときが来るだろう、いつまでもしがみついているわけにいかない、と思っていたんです。それで、いろいろと考えた。そしてわたしもその弟が関わっていた健康食品を売りさばく仕事をしてみようかと思ったわけです。

それがきっかけでビタミンについて、いろいろと勉強し始めた。ビタミンって身体にとってどういう役割を果たしているのだろう。そう考えて、ボクもビタミンというモノを徹底的に研究してみようと思いました。

ビタミンというのは人体をコントロールする栄養素なんです。

わたしがいろいろと勉強して、自分なりに考えて、これならどうだと思いついたビタミン剤の商品化に取り組むのは八十年代に入ってからの、お話ししたように水商売に見切りをつける時期のことなのですが、それまでわたしはビタミンについての基礎的な勉強、研究はずっとつづけてきていて、ある時期から自分なりにこうじゃないかという考えを持ちはじめていきました。

というのは、人が書いたものを読んだりして、いろいろに勉強していて、そのうちに気がついたことがあるんです。初歩的な知識なんですが、ビタミンには水に溶ける（水溶性）ものと脂に溶ける（脂溶性）ものの二種類がある。当然そのふたつは扱い方も違わなきゃいけないのだけど、そのころ市販されていたビタミン剤はそれを無理やりいっしょにしてしまって、合成原料というんですが、ムチャクチャな使い方をしていたのです。

それまでも仕事で折り詰めの弁当を作ったりレストランを経営していたころは料理のメニューを考えて栄養のバランスとか、栄養学的なことも少しは勉強していた。

ですからある程度、専門的なこともわかっていた。身体というのは食べ方や食べるものの選びや組み合わせで体重が増減したり、体調が変化するんです。これは知識ということもあったんですけど、わたしは一時期、夕飯のときにご飯をあまり食べず、おかずばかり食べていたことがあるんです。そうするとしだいに痩せていって肥満が解消する。そういう経験もしていました。これはいまでいえば糖質制限ダイエットですよね。

そんなことがあって、あらためて自分なりにいろいろ調べてみて、なんだこれはとビックリしました。徹底的に栄養学の理論を勉強したのですが、当時の日本の健康食品はメチャクチャだったんですよ。

アメリカと比べて、なんでこんなに何十年も遅れているのだろうと思いました。そんなことはアメリカで出版されている資料をちょっとでも読めば、わかるはずなのです。

当時は理論のない、いい加減なもの、まあ、いまはいいものも出てきましたけれど、前はテレビで放送していたのはほとんどインチキなものばかりだった。なんでこれとこれがひっつくんだというような、わけのわからないものばかり出てきていたのです。インチキな売り方をして、ああ、これはホントにいいものだなというような、そういうものをビシッと売っているところが非常に少なかったのです。

あのころのわたしは、なにが原因であんなに一生懸命にビタミン剤の研究に打ち込んでいたのだろうと思うんですよ。それはやっぱりそういう、世の中にいっぱいあるいい加減な商品が幅を利かせていることがイヤだったということです。

それで、これはなんてひどい業界なんだろうと思った。いま振り返って冷静に考えてみると、わたしの行動の原動力はそういうことに対する「怒り」だったな、と思います。もちろん商売をするのだから、儲けは追求するのが当たり前ですが、こういうものはただ儲かればいいというようなものではない。いい加減なモノばかり作っていたら、結果的にみんなをだましていることになる。まず、そういう既存の業者たちへの怒りですよ。

そして、わたしはこれは明らかにおかしいじゃないかというふたつのことに気がついたんです。

ひとつはまず、いまいったように勉強すればするほどビタミン剤の作り方に理論的な矛盾と欠点があることに気がついたのです。そのころ日本で売られているビタミン剤というのはウソばかりじゃないかということだったんです。どこの会社のものも全部、理論的におかしい。一番いいと思っていたビタミン剤も理論がおかしいということに気がついたのです。あのとき、わたしは絶対に本物でいこう、オレは理論的に正しいビタミン剤を作ってみようと思ったんです。

もうひとつはアメリカの現状です。前にいったように、いろいろと勉強しているうちに、こういうことについてはアメリカの方が二十年、三十年進んでいるということがわかってきました。なにを読んでもそう書いてあった。それで、アメリカがどうなっているのか、アメリカのビタミン剤はどういうものなのか、そういうことを猛烈に知りたくなった。

ちょうどそのとき、ラスベガスで健康博覧会みたいな大きな催し物があると知った。場所はラスベガスのヒルトン・ホテルのコンベンション・ホールだったんですが、ここはものすごくでかい建物で、まあ、そこにいって勉強したいと思ったんです。

このへんの話は創業して十年ぐらいたったときに作っていたカタログにわたしが書いた連載記事があるんです。その原稿（付録①として本書の２０３頁からに掲載されている）を読んでもらうとよくわかると思います。

アメリカで開催された博覧会の話ですが、そのヒルトン・ホテルで開催されていた健康食品展にいってみたくて、わたしはなけなしの金をはたいて、通訳を傭って、その人とふたりでアメリカに出かけた。

このとき、アメリカの実情を知ったことは、あとあと本当に役に立ちました。そこで、アメリカはすごいというのと、同時に日本の健康食品はデタラメでどうしようもないということを痛切に感じたわけです。

そのころのわたしは英語はちゃんと話せなかったのですが、向学心だけはあり余るほどあった。それで、英語が堪能な知人に同行を頼んだわけです。経済的な余裕がそうあるわけじゃありませんから、これも一種の賭けでした。このイベントに参加することができたことはすごく大きな意味がありました。その博覧会というのは、世界最大みたいなことを豪語していただけのことはあって、ビタミンについても、あらゆる商品化されたものがそろっていた。

本場のビタミン剤というのがどういうものなのか、見聞きしたのですが、細かく調べていくと、アメリカで売られているビタミン剤もわたしの考えからいわせると、理論的にはいい加減なところがあったのです。いい加減なものが多いというのは、そのころのアメリカだけではなく、じつはいまの日本もそうなんです。

どれがどうということはここではいわないけど、結果的には弱いものいじめですよ。一番に健康補給食品を必要としているのは、六十、七十歳を過ぎた女性たちなんです。

わたしはあのとき、自分なりにビタミン摂取についての理論的に正しい方法を着想していて、その理論に沿って実行すれば、本当に正しいビタミン剤が作れると思った。カッコよくいうと、それはわたしの「正義」だったのですよそのときのわたしは軽い気持ちということでもないんですが、この時点ではまさかこの話が生涯をかけた大仕事に発展していくなどとはツユも思わずにいた。

むしろ、自分の考えを試してみたいという冒険心の方が強くあったのです。

そんなこんなでこの業界に足を踏み入れていくのです。その時は、あんなにいい加減な作りのものでそんなに儲かるんだったら、ちゃんとしたモノを作ればもっと売れるはずだというふうに思った。

アメリカの食文化についていうと、じつはあの国の食生活は内容が単調です。ですからアメリカのサプリメントも栄養の補給という見地からいってジャンクフードの多いアメリカ人にぴったりであっても、日本人の食生活には特別必要ないものもけっこう多いのです。アメリカのビタミンは基本的にアメリカ的で、とくにビタミン類はそうなんですが、天然の原料も合成原料もあまり区別せずに使っている。しかし、理論的にはアメリカは日本より断然進んでいる。それでとにかく、わたしはアメリカの理論を習得して、それに基づいて日本人の生理に適ったものを作り出してみようと思ったわけです。

まず、栄養学の理論的に正しくなければお話にならない。

そして、ある時期、自分なりのちゃんとした作り方はこうなんだ、ということを思いつくのですよ。

ビタミンについて調べて、自分なりに研究しているあいだに、いろいろなことがわかってきた。自分なりに理論的なことを考えていたんですが、こうすればいいんじゃないかという、その考え方が間違っていないという確信が持てたのです。それで、最初の商品、１５００C×B《シーバイビー》というのを作ったわけです。

ここからは栄養の話ですが、まず三大栄養素、炭水化物（糖質）、脂質、タンパク質というのがある。これは身体のなかでエネルギーになっていく栄養です。五大栄養素というと、これにビタミンとミネラルが加わる。この二つはエネルギーはない。そのかわり、三大栄養素をコントロールする役目があるんです。

どのくらいの量を身体が必要としているかというと、たとえば、タンパク質だと体重六十キログラムの人で、千分の一のだいたい六十グラムだとかね。グラム単位ですね。

一方、ビタミンは基本的にミリグラム単位なんです。ちょうどその千分の一なんです。

微量ミネラルになるとさらに細かいマイクログラム単位なんです。例外はありますよ。多量ミネラル（主要ミネラル）、例えばカルシウムですが、カルシウムはビタミンと同じような量を取らなければならない。いずれにしてもビタミンとミネラルは基本的にもう、目に見えないくらいの微量なんですが、どうしても身体に必要なもので、三大栄養素を身体が摂取したときに、それは燃えてエネルギーになるんです。

その燃焼を助けているのがビタミンでビタミンの働きを助けるのがミネラル、おおざっぱにいうとそういうことです。

さらにビタミンは水に溶けるもの（水溶性）と脂に溶けるもの（脂溶性）に別れているのです。水溶性の方はビタミンC、それとビタミンB1とかB2とか、B群は全部、水溶性です。脂溶性の方はビタミンA、D、E、K、これはみんな脂溶性です。だいたい、そんなふうに分かれています。

それで結局、あらゆるものを食べてもそのなかにビタミンが入っているのですが、それが全部キチッと入っているわけじゃなくて、なにかが入っていなかったりしている。しかし、ビタミンというのは補助的な栄養で、食べものの栄養を摂取するときの補佐をする役割がありますから、総合的に摂るのが一番いいわけです。

総合的に摂ると、お互いに、たとえばB2とB6が助け合う。ただ水になじむ性質のものと脂になじむものをひとつの総合型ビタミン剤にしようと思うと、どうしても液体である脂溶性のものをさらに加工して、水溶性のものと一緒にしても大丈夫な状態にしなければならない。

ですから、出来るだけ自然な形で身体に摂取するためには水溶性でひとつ作る、脂溶性でひとつ作る。ふたつに分けてそのふたつを同時に摂るというふうにすれば一番いいわけです。

これまではみんな、ビタミンを細かくＢ２、Ｂ６とかＣとかに分けていますけれども、その当時のビタミン市場では、消費者の方はいろいろなものを摂らなきゃいけなくて、それを全部摂るようにすると、コストがえらく高くなってしまう。

片やひとつにまとめようとすると、先ほど言ったような不自然なこともあるんです。ですから、ふたつに分けて摂るというのはそういう意味でも一番合理的なんですよ。わたしはそういうふうに考えて、自分のビタミン剤を作った。

世界中にそんな思想を持ってビタミン剤を作った人間はいなかった。それどころか、従来のモノはどれも水溶性のものというとＢ１が入っていたりＢ３（ナイアシン）が入っていたりするんですけれども、その入り方が理論と全然あっていないんですよ。というのは、Ｂ１というのは価格が安いんです。そうするとそれはたくさん入っている。値段の高いものはほとんど入っていない。理論通りにどれも同じように入れようと思うと、ビタミンＰ（ビタミン様物質）なんてすごく高いのです。ビタミンＰというのは自然界ではビタミンＣといっしょに存在しているのです。これを摂るとビタミンＣの効率が上がる。それで、ボクがこれを理論通りに作ったら、原価がすごく高くなってしまった。

それともうひとつは摂取方法なんですが、これをこう摂ったらどうのこうのという組み合わせ方も理論にあったものが全然ないのです。

ビタミンの他にもいろいろなサプリメントがあるじゃないですか。あれもみんな理論がないのです。これはいまでもそうです。例えば、スッポンがテレビのコマーシャルでやせるやせるって宣伝しているけど、アミノ酸とやせることはまったく理論的に結びつかない。なんの理論もない。それからひどいのは十何種類入れてます、というヤツ。それでこの値段です、と広告している。小さな錠剤にたくさんの種類を入れれば入れるほど、それぞれについてはほんの少しずつしか入っていない。

それよりも、三種類でも五種類でもいいけれど、メインになるものをしっかり入れて、それを補佐するものをしっかり入れていくという、きちんとした理論に基づいたものがいいものなのです。

この世界はそういうインチキがいまだにまかり通っているんです。

それに対してわたしはちゃんとしたものを作ろうと思った。摂取量も値段がいくらするというようなことではなくて、きちんとした合理的な量を入れた。これはいまでも昔から学説は多少、変わってきていますけれども、そんなには変わっていない。

それでハーバーのビタミン剤はいまでもその通りに作っています。

ある製薬会社に勤めている人なのですが、ビタミンの専門家がいるんです。この人に、「自分のところではこういうふうに考えてビタミン剤を作っているんです」と説明したことがあるんです。そしたら、その人に「ホントによく作りましたね、こういうのは他にないよね」と言ってもらえて、ものすごく誉められたんです。

わたしという人間は、これは親のしつけの影響なのかも知れませんが、子どものころからずっと、自分は正しいことを実践したいという強い願望のようなものがあるんです。どんなに苦労してもいいから理屈に合った生き方をしていたい。途中、こっちの方が安上がりだとか、簡単だからというような発想で、正しいと思うことをおざなりにできない性格なんです。こういうのも不器用の一種なのかも知れないけれど、わたしは性格的にそういう人間です。

ここでお話ししたのはハーバー研究所で一番最初にビタミン剤を作ったときの思い出なんですが、じつは他のことについても全部、そうなんです。ものを作って売る生産者の立場に立って考えてみて、一番大切なのはやっぱりそれを買ってくれる人、消費者の生活に本当に役に立つかどうかということだと思うんです。

わたしはそれを一番大事にしてがんばってきたつもりです。

ビタミン剤はわたしがこの世界に足を踏み入れた最初のきっかけですが、わたしがそのときに考えていた「女性にきれいな肌でいてもらいたい」という問題は、ビタミン剤の開発だけでは解決しませんでした。そしてわたしのあのときの「美と健康」という発想は、わたしをさらに違う高みへと導かざるを得ませんでした。結局それは、補助食品から化粧品の世界への道だったわけです。

化粧品の世界に足を踏み入れていくのは、後段で説明しますが、自分なりの考え方にそれなりの必然性があり、それは大きな視野に立ってみれば、運命的な力だったと書いてもいいかもしれません。

最初に創業したときは社員は三人しかいなかったのです。それがいま、五百人を超える集団になった。それを考えると、運命というのは絶対にあるといわざるをえない。ハーバーはその運命の力によって「幸運」だったと思うんです。わたしはそういう力に押されて、一生懸命に働いて、その必然的な力に押されて自分たちのビジネスの幅を広げ、ハーバー研究所を成長させていったのだ、そういうふうに思っています。

第二章　創業神話の周辺

わたしの人生というのは大海原を行く船みたいなところがあるんですよ。おだやかな波模様の日もあれば、嵐の真っ只中みたいなときもあったのです。この一九八三年のハーバーを創業したころというのは大嵐にさんざん翻弄されて、一番苦しい時代だったかも知れません。商売が軌道に乗るまで、です。本当に苦労しました。

まず最初に場所の話ですが、ハーバーの事務所は当然ながら池袋の西側というか、駅の北口をちょっといったところから始まったんです。池袋駅の地下道を抜けて、北口を出たあたりは「東京のチャイナタウン」とか呼ばれていますけど、店が中国から来た人たちだらけになって、中国語の新聞を無料で配るおばさんがいたりして、日常的に中国語が飛び交っている町なんです。北口から山手線に沿ってまっすぐ大塚の駅の方に向かって歩いていくと、ソープランドが二軒ならんでいるんですよ。その間にはさまれて、花鳥風月ビルという、名前だけはやたらオシャレな建物があるんです。そこがハーバー誕生の地です。

いま、わたしが当然といった事情を説明しますと、池袋はわたしのもうひとつの故郷みたいなところなんです。あのあたりはいま新興の中華街みたいになっちゃいましたけど、わたしたちが事務所を開いたころは盛り場のはじっこだったのです。

このあたり一帯はラブホテルやファッションヘルスなどが蝟集している場所なんです。この道をさらに奥に進むとラブホテル街があるんです。前にフタバ食品というところに勤めていて、弁当部の責任者をさせられたときは、弁当作りの工場が吉原の町の、周囲をソープランドに囲まれた一角にあったんです。盛り場のことだからいろいろな人たちがいる、わたしはそういうことには偏見も抵抗もない。

花鳥風月ビルというのは名前はオシャレですけど、ただの雑居ビルですよ。事務所をどこにしようかということだったのですけど、建物の立地がそういうことで家賃も安くて、とりあえずここでいいやと思った。

いまでも西口の繁華街の場末といえば、場末なんですが。地元に池袋不動産という不動産屋さんがあるんです。

そこの人に聞いた話ですけど、デリヘルの連絡事務所とか、風俗産業に関連した人たちが借りるのと、ハーバーのような健康食品の会社というか、一般的な企業が借りるのとでは、家賃も敷金も違うみたいですね。風俗産業の場合、何かとトラブルに巻き込まれることが多いので、その予防策ということもあって、賃貸の条件を厳しくしています。そんなことがあってわたしたちは格安でその場所を確保することができた。

その建物はＪＲ山手線の線路際で、左右をソープランドで挟まれた立地環境でした。

毎月の家賃がいくらだったかどうしても思い出せないのですが、最初に借りたのは三階の二十平方あまりの広さのワンルームだったと記憶しています。これが会社設立の準備室でした。研究所という体制を作って、新商品の開発に取りかかったのは、もう四十年以上前の一九七〇年代の後半のことです。

わたしたちがいた花鳥風月ビルがいま、どうなっているか。この前、久しぶりにその場所を訪ねてみたのですが、ビルの一階と二階はいまは「大宝」という中華料理店になっていました。お店は従業員も主たる客も日本人ではなくて中国人、店内は中国語が日常語になっていて、中国の人たちが闊達におしゃべりし、さかんな食欲をみせて食事していました。店の入り口の「大宝」という店名の看板には「麻辣誘惑」という魅力的なサブタイトルが添え書きされていました。これは中国語で、malayouhuo と発音するらしいですね。「麻辣湯」というのは辛いが美味しい中華スープで、いま池袋の街で大流行しているスープです。

なんというか、この場所はいまも盛り場のはじっこであることには変わりなく、こんなところで落ち着いて食事ができるのだろうかと思わせるような殺伐とした場所なんですが、店に居合わせた中国人たちはみんな元気、食欲旺盛で、いまの中国の人たちのエネルギーを感じさせるような場所でした。

あそこ（東京都豊島区西池袋一丁目四十四番地十号）で商売を始めたとき、社員はわたしを含めて三人でした。

人手が足りなくてすぐ四人になりましたけど。わたし以外は全員、素人ですよ。これは最初、大変でした。事務所を池袋にかまえたのは、店（壺の家）が池袋の西口にあったことも要因ですが、池袋というのはわたしが十八歳で浪人して上京したときからずっと因縁の深い町なのです。

最初、板橋の下宿屋にいたのですけれど、一年目の大学受験に失敗して二浪するときにそこを出て、いまはもうその地名はなくなっちゃったのですが、池袋の北側に堀之内という地名の場所があったのですよ。ここが熱気があって猥雑なところだったのです。

堀之内の引っ越し先は朝晩の食事付きのアパートだったのですが、住み始めてわかったのです。そこは池袋の不良たちの吹き溜まりみたいなところで、半分ヤクザ者みたいのもいたし、女を引っかけてメシを食っているような男もいて、昼間も建物のどこかから女のうめき声が聞こえてくるようなところでした。

堀之内で暮らしていたのはもう六十年くらい前の二十歳前後の話なのですが、わたしはそのころ、浪人だったんですが、予備校にも行かなくなっちゃって、池袋の西口を下駄履きで遊び歩くような生活をしていたのです。一年間ぐらいそこで暮らして、こんなことしていたらとてもじゃないけど大学なんか入れないと思って、野方《のがた》のアパートに引っ越したのです。

わたしは自分を雑草みたいな男だと思っているのですけど、そういうふうに考えるようになった経験の出発点が池袋の堀之内の生活だったのです。だから、パブ・レストランも池袋で開いたし、新しい商売を池袋で始めることにはまったく抵抗感がなかったのです。

花鳥風月ビルは隣がソープランドで、けっこう見た目いい女が出入りしているんですよ。それを見かけた社員がソープランドの受付に「いま、店に入っていった子はなんていうの」と名前を聞きにいって、あとからその子を指名したりしていたんですが、ボクはそういうことができないのですよ。なんか気恥ずかしくて。自分を清純派だとは思わないけど、お金を払って、気に入った女の子を自由にする、みたいなことにはなんか抵抗があるんです。気質みたいなものでしょうか。

それと、どうして池袋だったのかというもうひとつの理由は、そんな経験があったせいで、あの街が、ぼくが社会の動きを定点観測する場所になっていった、という経緯があるのです。

一番はやっている店はどこか、新しくどんな店がオープンしたか、町にいる人たちのファッションとか、一番ホットな町の話題はなにかとか、池袋の西口からいろいろな情報を手に入れていたのです。だから、むしろ、起業は池袋でなければ上手くいかなかったのかもしれないですね。

それで起業なんですが、前にテレビで見たのですが、日本では起業してから一年間つづけて商売できる会社が四割くらいで、六割が一年たたないうちに倒産しちゃうのですよ。五年生存率が十五パーセントかな、メモをとっていたので覚えているのですが、十年つづく会社は全体の六パーセントかな、二十年企業が全体の〇・六パーセントで、三〇年つづけることができるのは〇・〇二パーセントだから、五千社に一社の確率ですよ。

わたしはこの数字を知ったときはホントにビックリしました。

わたしの場合は、別に誰か頼りになる相棒がいるわけじゃなくて、一人でさんざん苦労しながら、ここまでやってきたのです。それでハーバーはいま、従業員がこの規模（社員数五百人以上いる）の会社になったからね、良くやったというか、運がよかったとしかいいようがないですよ。どうして運がよかったのかと聞かれても、自分ではまったくわからない。

いまから考えると、わたしは北海道出身だから、北海道のことはずっと気にしながら仕事していたのですけれども、もうひとつは東京での拠点が池袋を中心にした広がりだった。

北海道と池袋、いつもこのふたつの場所に足場を置いて、モノを考えてきていました。

それが自分の運勢に関係あったかどうかはわかりませんけど。

あのころの思い出を書きますが、会社ってだいたい、創業者はひとりなんです。最初、ハーバーは三人で始めたんですけれど、すぐ四人になってわたし以外の人は事務を執ってもらう人とか、ほとんどアルバイトと未経験な人ばかりでした。

人数は徐々に増えていったのですけれど、最初は経理の係もいなかった。お金の出入りは伝票を一つのところに放り込んでおいて、週にいっぺん経理の専門家に来てもらっていた。勘定科目がわからないよっていっていましたけれど。

最初に入った社員の人たちは商品知識も不十分でした。だんだんと慣れていきましたけれども、そういう時期を経て、会社がだんだん大きくなるのに従って、いろいろな人が入ってくるようになった。そういうなかで、部下としてはいい人が見つかって、その人が課長になってやがて部長になっていったのです。

ほとんどの場合、創業期の小企業というのは社長だけが能力があるという場合が多いんです。そういう能力のある人間がもうひとりいれば、その会社はどんどん大きくなっていくんです。ソニーとかホンダとかみんなそうですよ。ソニーの場合は井深さん（井深大《いぶかまさる》）と盛田さん（盛田昭夫《もりたあきお》）でしょ、ホンダは本田宗一郎さんと藤沢武夫《ふじさわたけお》さん。それぞれ違う個性の人たちがコンビを組んで、自分の会社を大発展させていったのです。ボクもコンビを組んでくれるいい相棒を探したのですけど、いろんな人といっしょに仕事したけど、なかなか上手くいかなかった。

花鳥風月ビルは、とにかく家賃が安かったので問答無用で借りたのです。最初、三階のワンルームマンションみたいなスペースから始まったのですが、すぐに手狭になってきて、五階のもうちょっと広いスペースのところに移って、そこでさんざん苦労するわけです。

創業時のハーバー研究所のことを思いだすと、いろいろな苦労をしたけれども、最終的に幸運だったと思います。

わたしの認識で基礎的なことですが、会社というのは三つの要素からできていると思うんです。その三つというのは、資本と労働力と技術です。ハーバーの場合、その三要素がどうなっていたかを思いだせる限りで説明します。

まず、資本金は法定準備金の最低金額でした。いくらだったかは忘れちゃったけど、どっちにしても会社の登記に必要な最低金額だったと思います。有限会社の法定準備金はたしか三百万円だったと思います。

あのときのわたしの懐具合の話をすると、池袋の店がうまくいっていたので、調子に乗って新宿に『壺の家』の二号店を出しました。弟に店をさせたのですけど、それがなかなかうまくいかなかったのです。店が広すぎて家賃が高く、黒字にならなくて苦労していた。その店が運がいいのか悪いのか、火事騒ぎを起こして店が半焦げ状態になりました。

ところが幸運というか、万一と思って火災保険に入っていたのです。それで、保険金がもらえた。これは当時のお金で七百万円くらいありました。それで、言葉は悪いんだけど焼け太りみたいな状態になって、このあと、赤字だった新宿の店をうまく処分できた。

なにかものごとが上手く回っているというか、池袋の店もなんとなく商売を閉める潮時みたいになって、これも人手に渡したのです。それで手に入れたお金を元手にハーバーを始めたわけです。それと、そのお金の一部を遣って、『壺の家』のかわりに池袋の西口のもっと繁華な盛り場のど真ん中に小さなスナックだったのですけど、『酔いどれ船』という店を出したのです。

この『酔いどれ船』がどのくらい創業時のハーバーを助けてくれたかわかりません。

新会社を設立して、そのころ、親しくなった女性と再婚して、彼女がそのお店をやりくりしてくれたのですよ。要領よく立ち回ったという意識はないんだけど、わたしはハーバーに全力投球して、女房がそのスナックをオープンして、日銭を稼いで、ハーバーが一番苦しかった時期を支えてくれたのです。まあこれは、女房と二人で分業体制をしいたということです。

『壺の家』は十年間、運営したのです。ちょうど『壺の家』が終わる二、三年前にいまの女房と知り合った。いまの女房もじつは池袋で友だちと共同経営でお店をやっていた。ボクといっしょに暮らすようになって店をやめたんです。

それで『壺の家』を閉める前後から、あらためて女房に『酔いどれ船』という店をまかせた。この店はすごく繁盛して、そのあいだにボクのやっていた『壺の家』がだんだんダメになっていった。そして『壺の家』が潰れたときに『酔いどれ船』は残っていて、それがハーバーの立ち上がりを支えてくれたのです。

そう考えると、ボクはフタバ食品をやめて『壺の家』をはじめたときも前の女房に『アダモ』というスナックをやってもらい生活を支えてもらった。このときも同じような形になって、どっちも女房にたすけてもらったことになるわけです。

とにかくハーバーは女房がいなかったら、できなかったなと思います。

創業してすぐアメリカにいったりして、いきなり資金が底をついていましたからね。『酔いどれ船』があった。アレのおかげでハーバーの商売がうまくまわらなくて金が入ってこなくてもメシが食えた。もちろん、始まってしばらくして、ハーバーが上手く軌道に乗った時点で店はやめてもらいましたけれど、あの一番苦しかった時期を乗りこえられたのは、彼女が店を切り盛りしてボクを助けてくれたおかげです。彼女はそのころも控えめにですけれど、いろいろな意見をいってくれて、それも大変に効き目があった。

それと、あのころのボクにはストレスがあって、それをけっこう女房にぶつけていた。

いまふりかえると相当つらい思いをさせた。わたしは前の女房と離婚した経験があるのですが、彼女と暮らすようになった最初のころ、女房ともあんまり口を利かなかった。別に威張っていたわけじゃないのですが、でも、だんだんもっと話をしなくちゃいけないなと思うようになって、彼女の話を聞くようになっていったのです。そのうち、ちゃんとした夫婦の会話ができるようになって、いまは女房がおしゃべりでわたしは聞く方が多いのですけれども。わたしも夫として少しは成長したのかも知れません。

資本の話をしているつもりがなんとなく夫婦の話になっちゃいましたけど、彼女と出会えたのも、ボクの幸運だったかもしれません。「身体が元手」とよくいいますが、煎じ詰めれば起業も肉体労働というか、全ての労働はまず、肉体労働だと思うのです。

そんなふうに考えてわたしはいまでも女子社員に、お前さん、ちゃんと料理ができるようになっておかないと、ダンナがいなくなっちゃうよって言っているのです。男は外で一生懸命に働いて仕事して疲れて、わが家に帰って女房相手に一杯飲んでパタンというのが一番いいですよ。家庭の雰囲気が悪いとやっぱり男は表でフラフラするようになる。家が遠くなるし、表で誰かを誘ったり、女の子と会ったりしているうちにそっちに行っちゃう。料理の上手な女の子とかと知り合うといろんなことを考えちゃうからね。結婚したら明るい家庭を作らなくちゃいけない。結婚して専業の主婦になったら、絶対に料理上手にならなくちゃダメだよっていう話をしているのです。

わたしはいまでもやっぱり家に帰って、女房に料理を作ってもらって、基本的に夕飯はご飯はあまり食べなくておかずだけ食べるんですよ。それで一杯飲んでパタンと寝ちゃう。それによって疲労回復している。女房がボクの生活を支えてくれている。そういう意味で私はずっと女性に守られて生きてきていると思っているのです。

「料理の上手な女になれ」という話は資本の形成や機能とは直接の関係はありません。最近は夫婦共働きが多いから、なかなかわたしが言っているとおりにはいかないかもしれません。このことは最適の労働環境をどう維持していくか、生活意欲の再生産に必要なものはなにか、という視点で考えると、話の大筋につながっていくのです。

そして、先に列挙した三要素の話でいうと、要するにこれはマニファクチャリング（家内制手工業の小規模企業）の設備投資の話なんです。共働きは共働きでまたちがう、よい生活の形があるのだと思います。

資本の話のはずがいつの間にか本人の働く意欲（労働への情熱）の話に転化してしまいましたが、つまり、企業ということを言葉で説明すると、起業者がお金を使って「なに」を「どう」するかという、大変に素朴なことなのです。そこにすぐ「儲け」があればいいけれど、なかなかそういう具合にもいきません。

会社を起業してすぐには利益を出せないものなんです。出費ばかりがかさんでなかなか儲からない。そういう赤字状態のなかで会社を経営しつづけるのは大変です。ハーバーも最初に準備した資金を使い果たしてしまって、ホントに苦労しました。

長年の研究成果で自分が商品開発したビタミン剤をどうすれば売れるかということなのですけれど、これがなかなかうまくいかなかった。それでずいぶん悩んだのです。売るものは用意したけど、どう売ればいいのか、そこのところが全然わかっていない。それで苦労したんです。販売の技術というのは、新商品の研究開発とはまた別の問題だったのですよ。

わたしはとにかく販売が下手なんです。ホントは相性のいい、販売の専門家を相棒に見つけるのが一番いいのだけど、なかなかそういうわけにいかなくてね。販売が上手い人たちというのは口が上手で自己主張が激しい人が多いんです。自信家が多い。考え方が利益最優先で、わたしはそういうのが苦手なのです。なかなか目先の儲けに集中できない。目先の儲けにこだわるよりも、あんまりお金にはならないのだけれど夢とか理想とか、そっちの方が大切だと思うタイプの人間なんですよ。それで、だいぶ損しているのですが、これはもうしょうがないと思っています。

いまでもそういうところがあるのだけど、健康食品というのはなんとなく胡散臭いイメージがあるのです。テレビのコマーシャルを見ても、効能を紹介する場面に《これはあくまでも個人の感想です》みたいなことが書き込まれていたりして。大金を用意して、テレビや新聞で大々的に宣伝して、みたいな売りこみ方もあるんだけれど、それだって上手くいけばいいけれど、ダメだったら「宣伝倒れ」ですからね。情けないことに、わたしたちもそうだったのですが、小さな会社であればそんなことのために使えるような蓄えなどないことがほとんどなのです。

起業の場合、潤沢な資金があってもなくても、すべてのことに上手くいくという保証はないんですよ。ハーバーの場合は小資本ですから大宣伝戦などできませんし。

それでどうしたかというと、わたしは自分ができることをする、ということだったのです。最初、頭のなかでいろいろなことを考えるんです。あらゆる数字的な追求をして徹底的に計算して、理詰めでやっていこうとする。でも、みんな、その通りにはならないです。

あとからわかるのだけれど、みんな最初から違った方向にいっているんです。ウチの場合も同じでした。わたしもですね、新しくビタミンのいいものができそうだ、と。世の中にロクなものがない、オレの作るのはいいものだから必ず売れるぞ、と。

で、それを売るときにですね。一番最初に勉強会方式でやったんです。なにをしたかというと、町の商店街みたいなところで空いている場所を探して、そこを借りる。そこに人を集めて商品説明会を催します。参加してくれて、話を聞いてくれる人たちに品物がどんなにいいものかということを説明して、それから売りこむのです。

人集めをして、説明会をやったら。それはマルチ商法なんですよ。そんなにひどいマルチじゃないんだけど、やっぱりいいものはこうやってやれば絶対売れるはずだ、と思って、いちおうちゃんとした手順を踏んで、買って下さいとお願いするわけです。だけど、この方法というのは、いろいろと問題があるのです。

マルチ商法というのは、その主催者が一種のカリスマ性というか、新興宗教の教祖様みたいな引力を持っていないとダメなのですよ。わたしは自分でそういうことをしてみてわかりましたが、簡単にいうと、「オレの言っていることを信じてこれを買って、使ってみろ！」というような強力な指導力が必要なのです。自分で行動してみてわかったのですが、わたしにはそういう新興宗教の教祖様のようなカリスマ性はない。これは無理だなと思いました。

自分がこのやり方に適しているかどうかを考えたことがあるのですが、している本人の性格というか精神が単純じゃないとダメなのです。教養が邪魔しているというか、ぼくはけっこう複雑な人間なのです。
ああいうセールスというのは白いものを黒というほどのことではないのですが、灰色を黒だというくらいのことは平気でいえなくちゃやっていけない。きちんと説明しないで、とにかく売っちゃえという、言い方は悪いのですが、一種のペテン師みたいなやり方はわたしには出来ませんでした。それでも他の方法は思いつかないからそのやり方を見よう見まねでしていたのですが、毎回、赤字で全然上手くいかなかったですよ。

わたしはもう忘れていたんですが、妹の典子の思い出話ですが、当時、彼女はまだ三十代(三十八歳だった)で、結婚していて主婦だったんです。わたしと妹は年齢が七つ違うんです。彼女はそのころ、郊外の西武池袋線の清瀬というところに住んでいたんです。それでわたしはそのとき、健康食品の直販をしていたので、彼女が住んでいた団地でも対面即売会を開けないかと思って、まわりの人たちに声をかけてもらった。

そこで実際に説明会を開いたら、人は何人も集まっていちおうは話は聞いてくれたんですけど、実際に商品を買ってくれたのは一人だけでした。その一人も笑いながら、しょうがないからお付き合いで買ってあげるっていったんです。そんなことばかりでしたね。

あのころは、本当にそういう情けない経験を何度も繰り返していて、どうすれば安定的な販路を確立できるのか、そのことで真剣に悩んでいました。

わたしたちが作ったものがどんなにいいものかを説明しても、買う側の人がそれを必要とする生活をしているかどうかはまた別の問題なんです。人間というのは、本当に自分が必要だと思っているもの以外のことにはお金を使わないものです。

あのときのことをいま、冷静に考えてみると、なかなか売れないのは当然のことです。実態としてそれを必要としている人はたくさんいたんだろうけれど、それが必要だと自覚している人というのはたぶん、千人に一人とか二人しかいなくて、それも何らかの傾向に沿って偏って存在していた。その偏りを見つけ出すのに大変な苦労を繰り返していた。

あとは本当は必要なんだけど、その自覚のない人たちに、これがその人にとっていいものだということをどうやって知ってもらうかです。まあ、啓蒙活動なんですが、これはずっと時間がかかる。難儀な思いをしてさんざんに苦しんで、わたしたちはやっと、自分たちの作るものを欲しがっている人たちを見つけ出す方法を発見するのです。

もう少し、対面即売会の思い出をお話しすると、いくら説明会に参加しようと思ってくれても、そこでモノを買うか買わないかは集まった人たちの自由意思で、強制はできません。現実には、説明会に何十人か集まってくれて、百人集まることなどまずなかったんですけれど、そこでわたしがいくら一生懸命に熱弁を振るっても、これはいいものだ、必要だと思って買ってくれるのはせいぜいそのうちの何人かなんです。

そのときの売上げが会場費など、かけたお金に追いつかないことが何度もありました。頼みこんで小売店で扱ってもらっても、なかなか売れない。創業の初期は会社自体が慢性的な赤字で苦しんでいましたね。

ああいう対面販売の場合に絶対的に必要なのは、「この人の言うことだったら絶対だ」と思わせる第一印象で見せる人間的な力なんですよ。この人間力というのは、新興宗教の教祖様のような力リスマ性ということなんですが、ハッタリとかケレンとか演技力といった方が適切かもしれません。自分のいっていることを相手に信じさせる力です。商品の効能が本物か偽物かの詮議は別として、平気な顔をしてウソをつけるか、というようなことです。わたしはとてもじゃないけど、親からはそんな育てられ方をしていない。繰り返して「正直に地道に生きろ」といわれながら育ちましたから、そういうことを大げさにいうようなことができない精神構造の人間なんです。

わたしという人間は、ずっと日常的に「オレは本当にこの生きかたをしていていいのだろうか」

というようなことをいつも心のどこかで考えながら生きていたんですよ。そんなふうに生きているのだから当然ですが、自分のいったりやったりすることに自信はなかったのです。

考えて見ると、そのころが一番苦しかったかもしれません。直接販売の店もありませんでしたし、問屋を通した小売り販売のネットワークもなくて、どうすればいいかわからなくて、身が細るような毎日でした。

これ（マルチ商法）は頭だけで考えると一番いいんですよ。わたしも一瞬それを考えた。で、やってみたんだけど、それはいつまでもつづかないんですよ。トップに立つ人間に相当のカリスマ性がなきゃいけない。売りたいビタミン剤を目の前に並べて講習会を開いて、そこで効能効用を説明して、これは延々と時間がかかって、しかも、そうやってもなかなか売れない。人も集められないし、このままこれをつづけたら、会社、潰れちゃうなと思いましたよ。

実際、このころの商品説明即売会に集まってくれるのは、当たり前のことなのですが、前歴のパブ・レストラン『壺の家』をやっていたころの知り合いのツテを辿って集めた人たちがほとんどだったんです。そういう人たちは頼みこめば一、二個は買ってくれる。だけど、だいたいは冷やかしで様子を見ただけでなにも買わずに帰ってしまう人もいました。本当にこれは必要だと思って買っているわけではないんです。

要するに、必要を感じれば買うけれど、そうでなければ買わない、当たり前のことなんです。

この説明即売会は終わったあと、収支を勘定してみるとだいたいが赤字でした。

どうすればいいか、わからなかったのですよ。わたしたちは商品開発の部分ではかなりいい線いっていたと思うんですよ。だけど、販路が確立できずにいたんです。

そして、商売を始めてすぐのころだったのですが、ビタミン剤はなかなか思うように売れなくて、ここからどう進めていこうか、途方に暮れていたときにこういうことがあったんですよ。

それこそ、池袋の行きつけのカウンターだけのバーで、女将さん相手にあれこれといろんなことを、悩みをしゃべっていたのです。そうしたらママが「うちは化粧品会社の人、たくさん来るのよ。よかったら紹介してあげるわ」っていってくれて、たった一週間のあいだに二人の人間に合わせてくれたんですよ。そのうちのひとりは小さな化粧品会社の社長で、もうひとりは会社の大きさはわかりませんけれども、ある会社の技術系のトップの人だったんです。それがね、どっちの人も共通していったのは、「スクワランというものすごくいいものがあるよ」ということだったんですよ。どっちの人が言ったことだったか忘れましたけど、大手の化粧品会社でトラブルがあると、みんな営業の連中はトラブル対策というのをさせられるんです。そういうことを経験して課長になって偉くなったりしていくんだと。そういうときにお得意さんに持っていくのが、スクワランなんだというんですよ。それは本当に偶然なんだけれども、出会った二人が二人ともスクワランを絶賛したんです。

それがわたしとスクワランとの出合いでした。

第三章　スクワランとの出会い

スクワランというのをカシッと誉めてくれる人に連続して出会って、じゃスクワランというのを調べて、買ってみようと思って、知り合いを通して入手したんですよ。

スクワランというのはオイルなんです。人間の皮脂のなかにもわずかながら入っているオイルと言われているんですけれど、スクワランのもともとの形はスクワレンという、不飽和の変動しやすいものなんですけれども、それを安定した形にしたものがスクワラン、レとラの違いなんですけれどもね。いろいろと勉強してわかったのはこういうことなんですよ。

人間が食べたものというのは消化器官のなかで酢酸《さくさん》に分解されて、身体のなかでいろいろなものに変化していくんです。身体のなかに原理があって、それに則って変化していくわけです。そのプロセスの途中にスクワレンというものがある。インプレンという分子の塊みたいのがあって、これが六つくっついているんです。これは例えば三つあるとビタミンAだとか、四つあるとまた別のなにかだとか、要するに非常にビタミン的な働きをしている。ビタミンの親戚みたいなものです。それがさらに変わって、コレステロールだとかにもなるということもいまになってわかってきたのです。そのときはそういうことはわかっていなかった。スクワランがどうしていいのかも最初はわからなかったんです。

それで、調べてみたらスクワランそのモノをビン詰めにして売っているところが三百社くらいあった。それの正体はなにかといったら、サメの肝油だった。昔、ビタミンAを摂るためのタラの肝油というのがありましたけれども、タラじゃなくてサメの肝油。それも神秘のサメなんだと。深海鮫の肝油だ、といって、こんな小さなビンに入ったものを三万円とか、八千円とか、三千円とか勝手な値段をつけて売っていた。たしか一番高いのが三万円だったと思います。

そのときはまだ、スクワランっていったい何なのか、正体がわからないんですよ。誰かがいいといったというだけで売っている方もなにがいいんだかわかっていないんですよ。スクワランが身体のなかでどういう働きをしているかということを書いている本もなかった。それでただ、深海鮫の神秘的なオイルは肌にいいんだという、ただそれだけの世界だったんです。

あとでわかったのですが、深海鮫の肝油の効能というのはじつは知る人ぞ知る、一部の人たちにはすごく人気のあるものだったんです。わたしが聞いているところでは、深川とか向島《むこうじま》とか、花柳界というんですか、芸者さんたちのあいだでは肌の手入れに効果バツグンということでよく知られた〝秘薬〟だったそうです。

だけど、そういう情報も知ったのはあとからのことで、スクワランが絶対おすすめだということはそういうふうにして人から教わったのですが、それ以上の、どこがどういうふうにどう効果があるのか、そういうことはまるでわからないままでした。

サメの肝油が筋書きのなかに登場する小説があります。

それはアーネスト・ヘミングウェイが書いた『老人と海』。主人公の漁師の老人が朝、船出する直前の場面です。

老人は力をつけるために海亀の卵を食う。九月と十月の大物をねらって。そのためには五月中毎日のように卵を食った。また、漁師たちが船具をしまっておく小屋に、鮫の肝油を貯蔵しておくドラム缶があったが、老人はそこから毎日コップに一杯ずつ汲んで飲んだ。ほしいものはだれでも飲めるようになっていたが、漁師たちはたいていその味をきらって飲まない。いやなことといえば、漁師たちは毎朝、早く起きなければならないじゃないか。肝油の味なんかなんでもない。おかげで、どんなさむさにも平気だし風邪もひかずにすませる。なにより眼にいい。（1）

アメリカ本土での生活をきらったヘミングウェイがカリブ海、キューバのバハマ郊外に農園を手に入れたのは一九四〇年のことでした。キューバに定住し生活したのは一九四五年から自殺する二年前の一九五九年までの十四年間のことです。ここでの見聞、経験が『老人と海』を書かせたのです。

鮫の肝油はキューバの漁師たちにはそのくらい効き目のある栄養ドリンクとして有名だったということなんです。彼はこの『老人と海』でノーベル文学賞を受賞しています。ヘミングウェイの小説にも書いてあるのですが、サメの肝油というのは臭いがひどくて、そのままでは飲めないような代物なんです。

深海鮫といっていますが、深海鮫という名前のサメがいるわけじゃないんです。サメが棲息しているのは水深で五百メートルくらいなんですよ。地球の平均水深は三千七百メートルだっていいますからね。五百メートルというのは深海ではないんですよ。

『深海生物学への招待』（幻冬舎文庫　二〇十三年刊）という本があるんですが、それによればいちおう水深二〇〇メートルくらいから深海という話らしいんです。だけどそれは、実体としてはまだ海面からそれほど離れているわけではないんです。それでも水深二百メートル以下の海域に棲息している鮫を深海鮫と呼ぶんです。深海鮫の実態もよくわからずにいたのだけど、わたしは化粧品業界の人たちが口をそろえていっている「スクワラン」は特別なんだということを信じて、それを仕入れて、売りはじめたんです。

スクワランを売りはじめて、あれこれ勉強してわかったことは、なんだこれは単なる化粧品の材料じゃないかということだったんですよ。いろいろな化粧品の原料と同じにドラム缶で売っている原料だったんです。スクワランそのものも小売りされていた。ただそれは、ドラム缶に入った原料をただ、小さくてカッコいいビンに詰めて何千個かにして、何百倍の値段をつけて売っていたのです。三万円というのもありましたよ。

それまでのスクワランはそういう代物で、しかも理論的なことも全然わかっていなかった。なにがどうしていいのかもわかっていなかった。

それでもメーカーによっていろいろやって、ものすごい純度の高い、いいものが出来るときがある。そこでわたしは純度のいいものだけを選んで仕入れた。

それは当時としては非常に画期的なことだったんだけれど、わたしはそれを六十ミリリットル（cc）で五千八百円という値段をつけて売ったんです。

ビタミン剤がなかなか売れず、苦しんでいる最中だったのですが、スクワランの情報を頼りに、商売の立て直しを図るんです。

スクワランに至るまでのプロセスにはわたしなりの葛藤がありました。

これはまず、飲めばキレイになれる、そういうつもりでビタミンCを作った。だけどそれを女性がいくら愛用しても現実にはその人は、そんなにキレイにはならない。現実はビタミン剤だけで美人になれるような、そんな単純なものじゃない。これはあとから考えると当たり前だったと思うんだけど、そもそも栄養分の補給は肌の美醜を分ける条件のひとつに過ぎない。だけど、ボクとしてはハーバーはＨＡＢＡでヘルス&ビューティなんだから、ＨＡＢＡの商品を使うことできれいにならないと困るんですよ。

もちろん、服用したビタミンは体内で身体の機能を維持するためにそれなりの働きをしているのですよ。だから、健康の役には立っている。それで理論的には身体が健康になることで肌もきれいになるはずなのですが、現実にはそれだけを服用してもそうはならない。

何故そういうことになってしまうのかというと現実の生活のなかに、それを邪魔する要素がたくさんあるからなんです。それを解決するにはどうしたらいいのだろうと思ったんですよ。いろいろに考えて思ったのは、肌の調子に関係しているのは栄養の問題だけじゃないということでした。

身体は基本的にそもそも健康であろうとする力を持っている。それが上手く作用してくれない。なにか別の原因が、肌がキレイになろうとするのを邪魔しているということです。そういう理由として、気がついた最大の問題が女性たちが毎日のルーティンにしている《お化粧》ということだったんです。

当時、書店にいくと、化粧品の害毒を告発する本がいっぱい出版されていたんです。そういう本の専門のコーナーが出来ていました。当然のことですが、そういう本を読み始めて、だんだん自分の漠然とした問題意識が明確な形をとっていったんです。

まさにそういうときにスクワランと出会った。ヘミングウェイが書いているように、カリブ海の漁師たちはサメの肝油（＝スクワレン）を美味しい飲みものではないことを知りながら、健康維持の特効薬と考えて日常的に飲用していたことを紹介しました。

また、この章の冒頭ではふたりの、昭和末期の日本社会の化粧品会社の関係者がスクワランは相当に重要な化粧品の原料だということを証言した実例を紹介しました。実際、そのころ、小さなビンに入ったサメの肝油＝スクワランがわずかな量、とんでもない二万、三万円という価格で根拠もよくわからないまま売り買いされていたんです。

一九八〇年の時点では、深川芸者たちのあいだでもこの〝秘薬〟は有名で、スクワランを皮膚に塗布すると、目に見えて皮膚の調子がよくなることは知る人ぞ知る事実だったからそういう商売が成り立っていたのですが、考えてみると、これらのことはいずれもそもそもスクワランの正体は正確にはわからないんだけど、人間の身体に対して不思議な効能を持っている、それだけは間違いのない事実としてわかっていたから、スクワランは秘薬扱いされて、こういうことが起こっていたわけです。

　どういうわけでそうなるのか、その正確な効能となぜそうなるのかという薬理的な理由については、このころはまだ真実がよくわからないままでした。これはひとつはサメというもののイメージの問題があったのです。

　いまもそういうところはちょっと残っているのですが、昔はサメとかフカというとただなんとなく凶暴で悪辣な感じがしました。スティーブン・スピルバーグ監督が『ジョーズ』という映画を作ったのが一九七五年のことなんですが、この映画は人々にサメという存在を再認識させました。

　この映画のなかで、サメは禍々しいけれど神秘的で驚異的な力を持つ生物として描かれていた。それ以前にも人食い鮫の話などはあったのですが、この映画以降、イメージとしてのサメは決定的に人間にとって恐るべき存在になってしまったんです。そういう恐ろしいものの肝油が美容にいいというのではミスマッチ感がありすぎた。昭和のある時期までのスクワランは要するに得体のしれないものだったんですよ。

　わたしはいま思えば、わたしの人生は、スクワランを知って以来、その存在の正体を探求しつづけて、人間の身体に対しての効能を最大限に追求して、商品を開発することに一生を捧げた、そういう人生だったと思います。考えてみると、商売を大きくするよりも、商品開発に一生懸命になっているうちにここまで来てしまった、そういう感じです。

わたしが事業に成功したのだとしたら、その成功の最大の要因はスクワランへのこだわりで、一途にスクワランを追い求めた結果だった。これは逆の言い方をすると、あの時点ではよく正体のわかっていないスクワランにあれだけの勢いでのめり込んでいったのですから、われながら度胸があったというか、子どものころ、人生を冒険するように過ごしたいと思っていたんですが、ホントにその通りになってしまったなというのが正直な感想です。

それだけスクワランは魅力的な存在だったということです。

ざっとですが、スクワランについてわたしが調べたかぎりでわかったことをお話ししておきます。

一九八〇年の時点でのスクワレンの正体がサメの肝油だと認識されていたことはすでにお話ししましたが、原色日本海水魚類図鑑を見ると、サメは上下巻のなかの上巻の冒頭にウナギに続いて登場します。これはたぶん、魚類として一番下等なランクの、進化の枝葉地図のなかで一番原始的な生物という意味だと思います。鮫は軟骨魚綱 Chondrichthyes として図鑑の冒頭の部分に載っているんです。

その図鑑には三十種あまりのサメが載っていました。

池袋のサンシャイン水族館にサカタザメという名前のサメがいたのですが、その遊泳する姿は巨大で、水族館を訪れる人々を感動させていました。図鑑によればそのサメも大体一メートルくらいの大きさだという説明があります。そのサメはガラスの水槽を通して見るから余計に巨大に見えたのかも知れません。けれども、実際、本物のジンベエザメは大きいのになると全長が二十メートルと魚類最大の大きさになるようです。おまけにサメは肉食というか魚食性で人間の血に敏感で、人食いザメと呼ばれることもあるのです。

スピルバーグが作った映画の『ジョーズ』の舞台はアメリカの東海岸にある島の海辺でしたが、映画のラストシーンは巨大なサメ（ホオジロザメだった）に自分たちが乗っていた漁船まで破壊されてしまうという強烈な物語でした。映画は実話ではないのでしょうが、それでもサメの全長のことを考えるとそういう場面もあり得ないことではないと思います。なにしろ全長二十メートルもあるのですから。

スクワランは深海鮫の神秘のエキスといわれていますが、深海鮫という種類のサメがいるわけではありません。深海性のサメたちの一般的な呼称なんです。

図鑑を見るかぎりで、深海性とおぼしき鮫、つまり深海を棲息域とすると書かれている、いわゆる深海鮫はアイザメ、フジクジラ、オオメコビトザメ、ヨロイザメというようなサメたちです。いずれも一・五メートルとか二メートル、小さいものだと三十センチくらいの大きさ。

深海性ではないのですが、ウバザメ（北海道・東北ではウバザメ、東京ではバカザメ、北陸地方ではゾウザメと呼ばれる）は全長十五メートルになるが、肝臓から油が採れると書かれています。

これらの記事を読んだ感想ですが、サメ全般ということではないかもしれませんが、ある程度、かなりの種類のサメから肝油が採れるということではないかと推測できます。

このうちのアイザメについての説明を引用すると次のようなことです。

アイザメ（ヒレザメ） Centrophorus atromarginatus Garman　ツノザメ科
眼が大きく、眼径は吻長《ふんちょう》と等しい。瞬膜はない。噴水孔は大きい。胸鰭の内角が大きく突出する。深海の岩礁地帯に住む。深海延縄で漁獲され、肉は食用、皮はなめし皮や研磨用とし、肝臓から良質の油をとる。東京、駿河湾、土佐湾に分布する。全長1・5メートル。類似の種としてタロウザメ、オキナワヤジリザメ、ゲンロクザメが日本から知られており、いずれも深海性である。（2）

日本でこのスクワレンというか、鮫の肝油についての研究レポートが初めて発表されたのは、明治三十九（一九〇六）年のことでした。いまからちょうど百十年前、『工業化学雑誌』という雑誌に掲載された「黒子鮫油に就いて」という論文があるんです。執筆したのは辻本満丸という工学博士でした。

冒頭の文章はこうです。

此油は黒子鮫一名カラス鮫と称する一種の鮫の肝臓より得るものにして我邦にては鮫油中普通なるものゝ一なり。或人の説には黒子鮫とカラス鮫とは別種なりと云へど果して然るや否やは明かならず、且つ余は未だ此鮫の学名を詳にせず。余は本報告にて黒子鮫とカラス鮫とを同一種と見做せり．若し別種なること確定せば直に訂正せんとす。去る二月中、余は横浜魚油株式会社の依頼に依り初めて本油の一二性状を検したり。供試油は静岡県焼津近海にて漁取せる黒子鮫より得たるものにして微黄色の液体を成し臭気甚だ少く（日光に曝して精製するものなりと云へり）、凝点は測定せざりしも頗る低かるべしと覚へたり。（中略）

余は其試験用として原料確実なる黒子鮫油を落手せんと欲せる時、恰も善し水産講習所なる菊地健氏は余に送らるゝに相州小田原産の純カラス鮫油を以てせられ、且つ氏の実験に依れば該油の沃素価は二五〇以上なることを注意せられたり。参考のため同氏の報告されたる處に依るに原料とせしカラス鮫は体長二尺、体重一貫二百匁にして肝臓重量四百匁、採油量百六十八匁なりしと云ふ。

原色海水魚図鑑のなかには黒子鮫、あるいはカラス鮫の項目は立てられていませんが、「フジクジラ」の項目に別名として、クロンボ（銚子）、ソバクロ（東京）と別名の添付があります。また、解説の文章末に「同属のカラスザメは体側に隆起線を形成しない。銚子から駿河湾に多い」と書かれている。図鑑ではそういう名前で書かれているけれど、それぞれの地元でそこの人たちが呼んでいる別の名前がある、といいます。また、専門用語ですが「ヨウ素価」という言葉を説明しておくと、こういうことです。

有機化合物中の炭素炭素二重結合（C＝C結合）は反応性が高く、空気によって酸化され変質しやすいため、その含有量は化学製品の性質に大きな影響を与える。ヨウ素価は、主に天然由来の複雑な混合物に含まれるC＝C結合の数を比較するために使用される。ヨウ素は化学物質中のC＝C結合に容易に付加反応するため、試料と混合して消費される量を調べれば、その試料に含まれるC＝C結合のおよその割合を知ることができる。ヨウ素価は化学的な構造や組成のわからない混合物であっても簡単に求められるため、化学品の評価手法として工業的によく用いられており、なかでも油脂はヨウ素価の値によって乾性油・半乾性油・不乾性油に分類されている。

正確を期して書こうとして話を余計に難しくしてしまったかもしれません。

これはつまり、ヨウ素価の検査は油としてどのくらい酸化しやすいかを調べる方法なのです。油は酸化すると固化する、鮫の肝油は右の辻本博士によれば、比重は小（つまり軽い）にして抹香鯨油につぐ（博士は抹香鯨油を液体蠟みたいなものだといっています）、また異常にヨウ素価が高く、つまり空気に晒すと固まりやすい、そのことを博士は「余の試験せる油脂中にて荏油（＝えごま油）のある種を除き当時未だ遭遇せざりしものなり」と書いています。

実物のサメは長さ約六十センチ、体重が四・五キロ、そのうち肝臓は体重の三分の一、つまり一・五キロあって、その一・五キロの肝臓から六百二十八グラムの肝油がとれたということなんです。

これの比重が〇・八八五二だから容量は七百十CCということになる。この比重が軽いのは、サメなどの軟骨魚類は浮き袋をもっておらず、海水より比重の軽い油を肝臓に蓄えて、浮力を得ているためということです。この数字からわかることは、サメは体重の三分の一が肝臓の重さということですからビックリではあります。

この報告書の最後に博士は「余は本油の応用に就いては考究せざれども、減摩用と成す場合には前記性質に注意すること必要なるべしと信ず」と書いています。そこでは、鮫の肝油の使い途は思いつかないけど、機械油として使うときには注意が必要だ、というようなことを書いています。飲用して栄養補給剤として通用する、ということにまでは思い及ばなかったようです。

サメはいまは食べても美味しい。スーパーマーケットなどで切り身で普通に売られていて、値段も安い。それでもなんとなく下等な魚というイメージがあるのですが、それは昭和の時代はもっとひどかった。魚として嫌われもので、不人気で、昔はそのまま食べられるということはほとんどなかったようです。採れても魚肉はかまぼこなどの練り製品になったり、そのまま廃棄されたりしていた。サメの肝油が人間の身体に優れて役に立つものなのになんとなく怪しげな代物扱いをされてきたのはそういう事情もあってのことだったようです。

いまここでお話ししていることは、どれも後からわかったことで、最初のころはそういう由来も所以《ゆえん》も知らずにいたのですが、ある日、これも本屋さんでのことですが、ついにサメの肝油がどういうことがあって〝秘薬〟として、愛飲されたり皮膚に塗布されるようになったかという事情を細かく書いた本に出会うのです。

それが『サメ肝油健康法』という表題の本でした。版元は読売新聞社。発行は昭和五十一年（一九七六年）のことです。この本はサメの肝油について、徹底的に論考した本でした。健康食品としてのスクワレンを中心に書かれた本だったのですが、まるごと一冊サメ肝油の本だったのですから、昭和五十一年の時点でわかっていることを全部書き並べた本で、そのなかにこんな記述がありました。

一九七五年はサメの年であったと覚えておくと都合がよい。

米国ではジョーズという映画が大ヒットして、サメの歯に対する人気が日本でまで高まった。ペンダントに使う人もある。他方、健康食品に対する憧れが強まって（痛ましい公害の犠牲者のことが広く知られたからか？）、戦前にも、一部の人に知られていた深海鮫の肝油の一成分スクワレンをとることがややにぎやかに伝えられた。

二日酔いしない、便秘しない、痔によい、血圧が下がる、等々のうわさが耳に入る。

少し腹がゆるくなったという声も聞かれる。（略）サメブームのおかげで、わたしたち研究者に新しい資料が少なからず入ってくるようである。例えば、深海ザメ漁業が、陸軍のタンクの潤滑油に使用する目的から戦時中ひととき盛んになったらしいこと。そして、それに関する資料がマル秘印の文書になっていて、公開されなかったらしいこと。……（3）

この本の監修者がどういう人だったかというと、阿部宗明《あべときはる》さんという人になっています。この方は奥付の紹介によれば、農林省の東海区水産研究所技官で、当時の魚学についての第一人者とのことです。右に引用した文章は同書の前書きですが、阿部さんの文章のようです。

本全体は基本的にスクワレンを中心にした記述が多いのですが、二百以上のページ数があり、最初から最後までサメ肝油の話でまとまっているのですから、半端な本ではありません。

そのなかに、スクワランの歴史的な由来の説明があり、こんなことが書かれています。

これは引用が長くなりますが、重要な証言です。

世界で初めて化粧品にスクワランを使用したのは、わが国である。

太平洋戦争末期には、まったく姿を消してしまった女性用化粧品は、終戦翌年の昭和二十一年から、ぼつぼつ生産が再開された。しかしこのころは粗悪な材料しか入手できず、とくに工業用として輸入された精製不足の流動パラフィンを使用したこともあって、国産化粧品を使った女性の唇がはれ上がったり、顔にアザのような黒皮症が発生するなど、各地でトラブルが発生した。このため、おしゃれな女性や裕福な人たちは、国産品には目もくれず、ヤミ市や進駐軍関係のルートを通じて、目の飛び出すような値段で外国化粧品を買いあさった。

このような状況のもとで、デパートの大手三越は自社で化粧品を製造する方針を決定、東京・東中野の同社縫製工場跡に、化粧品製造工場を設立した。昭和二十一年八月のことである。（略）

翌二十二年、化粧品製造技術の第一人者・細田文一郎氏が化粧品製造部門の責任者として招かれた。細田氏は薬学関係の出身で戦前から化粧品製造に従事、戦時中は海軍第一燃料廠、パリクパパンの第一〇一燃料廠などで主として航空潤滑油の開発につとめた。高性能の不凍潤滑油として有名な海軍一二〇鉱油は細田氏らのスタッフが開発した代表的な製品である。

細田氏が再び化粧品業界にカムバックして、すぐ頭に浮かんだのは、スクワランである。海軍燃料廠で航空機潤滑油を手がけているあいだに、スクワランの存在を知ったが、そのとき、潤滑油もさることながら、スクワランの性質が化粧品の添加油にぴったり合致するとわかり、戦争が終わったら一度ためしてみたいと考えていた。（略）

それから間もなく、三越の化粧品にスクワランが使用された。最初はクリーム類だった。供給が安定化するにつれてスクワランの使用範囲もひろまり、化粧水、口紅などにも使われた。

昭和三十年代にはいると、洗剤メーカーが台所用洗剤を開発した。食生活が向上し、家庭でも油よごれのひどい食器類のあと始末になやまされていた主婦たちにとって、新洗剤は救いの主。爆発的売れ行きをみせた。期待にこたえて台所用洗剤は、ひどい油よごれをさっぱりと洗い落としたが、それといっしょに奥さん方の手の脂肪分も洗い落としてしまった。

「手が荒れて困っちゃう」という声があちこちで聞こえた。

そのころ、三越は百円のハンドクリームを発売していた。香料のはいっていない、ただのクリームだが、値段が安いこと、のびのよいこと、そして手の荒れがすっかりよくなることが評判になり、品切れになるほどの売れ行きをみせた。

「皮膚科の先生からおたくのハンドクリームを使うようにすすめられました」という女性も現れた。このハンドクリームは、香水と並んで、現在でも三越化粧品のヒットといわれているが、その秘密はスクワランを使用したことである。大手の化粧品メーカーがスクワランを使い出したのは、昭和三十四、五年からといわれている。資生堂がまず使いはじめポーラがこれを追った。

いずれも最高級の化粧品クラスだという。スクワラン業界筋の話を総合すると、他の化粧品メーカーも一部使用してはいるものの、使用量はこの両社が群を抜いており、両社それぞれ、少なくとも毎月十トン以上を使っているという。(4)


実際のスクワランについては、その形状についてこんな説明があります。

無色透明でさらさらとしており、水とまったくかわらない感じだ。味もない。

手にすくって、手の甲に塗りつけてみた。わずかな量で、おどろくほど広範囲まで塗れる。少しもべとつかない。しばらくして手をみると、いつの間にか乾いている。蒸発したのではない。皮膚に浸み込んでしまったのである。

スクワランが優れた効果を持つ魔法の薬のような存在でありながら、業界・マーケットでそういう扱いをされず、みんながなんとなく話題にするのを避けてきたのは、やはり主としてそれが、「サメ」という、どことなくイメージの悪い魚からとれるものとして扱われてきたせいのようです。

これはその時代までの大衆的な心情で、サメの切り身がタラやサケにまじって普通に売られている現在では理解できないことかもしれません。そのことについて『サメ肝油健康法』はこんなふうに説明しています。

イメージ第一の商品だけに、化粧品メーカーは〝サメの油〟を原料に使っているということを公表したがらない。ただでさえ印象のよくないサメである。こともあろうに、その肝臓の油を顔に塗っていたと知れば、女性が柳眉をさかだてて、ねじこんでくるおそれは十分考えられる。

しかし、コストが高いという一点を除けば、いま化粧品の添加油としてスクワランの右に出るものはない。

かつてのサメは魚類の中では最下等の扱いを受けていて、昔は切り身なんか売っていない下魚でした。

だから、サメの肝油もイメージは下等、ということなのです。わたしたちがしたことは、まさしく、サメ肝油の悪いイメージをなんとかしていいほうに持っていき、内容が持っている品質通りの評価を世間に認めさせることでした。

純度九十九・九パーセントというようなところまで質を高めたのです。それでも、製品としてまだ完全ではない気がして、精製化学メーカーに究極の純度のスクワランを作ってほしいと頼んだ。それひとつが作品になっているような、そういうものを作ってくれと頼んだのです。

これが最高級だというスクワランを作るのに二年くらいかかった。それまで、世の中にいろいろなところのスクワランが出回って市販されていたのですが、うちで作ったスクワランは水のようにサラサラしていた。これが発売になったら、ほかのところで作ったものがまったく売れなくなって、姿を消していったんです。悪貨は良貨を駆逐する、といいますが、その反対でわたしたちが用意した、純度が高く、他の商品に比較して安価なスクワランが他所がそれまで売り出していた同様の商品をだんだん売れなくしていったのです。

そして、それに合わせて会社も大きくなっていったのです。

創業時にヨレヨレだったわたしたちはスクワランを見つけて、それを売り出して、立て直すことで次第にというか、劇的に立ち直っていきました。

その経緯は、次章で細かく論じます。

これはいま思い出しても幸運の連鎖としかいいようのない物語でした。

【註】

(1)『老人と海』一九六六年刊　新潮文庫　福田恆存訳　ヘミングウェイ著　P・38

(2)『原色日本海水魚類図鑑Ⅰ』一九八五年刊　保育社　蒲原稔治・岡村收著　P・7

(3)『サメ肝油健康法』一九七六年刊　読売新聞社　阿部宗明監修　6頁

(4)『サメ肝油健康法』79頁

第四章　販路の確立

まず、一般論ですが、一番に普通の商品の売り方というのは、どこかにお店をかまえて、お客さんにそこまで買いにきてもらうというものです。これは売る品物がなにかということにもよりますが、食料品、雑貨品など幅の広い生活必需品であれば、お客さまはあまねくそこら中に存在して、あとはお店がどんなところにあるのか、どんな宣伝をしてアピールしているか、たまたま買ってくれた人が常連客になっていってくれるか、などといういろいろな条件で、お店がどのくらい繁盛するかが決まります。

けれども、売ることの出来る商品がまだビタミン剤とスクワランしかなくて、元手も乏しいハーバーにはお店をかまえて商売するというのは無理でした。

それで常設のお店を持たずに品物を売る方法を考えるわけですが、まずひとつは訪問販売という手がありました。行商ともいいます。わたしの父は北海道の夕張炭鉱の子会社に勤めていたのですが、会社を定年退職したあと、行商人になって日用雑貨や下着肌着類などをひとまとめの荷物にして、夕張の町の周辺にある小学校や中学校、高校を訪ねて回って先生たちの注文をとって歩いて、商売をしていたのです。これはバカに出来ないほどの売上があって、わたしと弟は父の行商の売上で大学の学費と東京での生活費を出してもらっていたのです。

わたしはそういう経験があったから、常設のお店がなくてもなんとかなるのじゃないかと思っていたんです。

　これはいったとおり、行商はいまの販売方法からいえば、一種の訪問販売なわけですが、父の場合は生活に必要な靴下とか下着とか布団類を売り歩くわけですから、なかなか自由に買い物をする時間のない、忙しい学校の先生たちには便利でありがたい存在だったわけです。行商の場合はある程度、お客さんがどこにいるかわかっていて、そこを順番に訪ねればいいわけですから、やり方は原始的ですが、効率はかなりよかったんです。

　第二章でもふれましたが、このときのわたしたちは実際に訪問販売もためしてみたのですが、ビタミン剤を買ってくれる人がどこにいるかわからないわけですから、一日あるき回ってヘトヘトになるのにほとんど売れない。それで説明会を開いて人に集まってもらってものを売る方法を選んだわけです。これはうっかりするとマルチ商法のたぐいの販売方法になってしまうんです。説明会で納得してくれた人に買ってもらうわけです。

　話に聞くところでは、ここで買わないとあなたは救われません、みたいなことをいってモノを売りつける催眠商法みたいな方法もあるということですが、わたしにはとてもそんな売り込みは出来なくて、けっきょく説明会の様子を見に来た前からの知り合いが義理で買ってくれるくらいのことで、これもほとんど商売にならなくて、正直にいって途方に暮れていたのです。

起業は前に書いたとおり、ひとりで始めたことだったのですが、このとき、その状況に合わせて自分は自分のもの作りの基準を守って妥協するのはやめよう、自分に対しても思い切り厳しくしていこうと考えたんです。そしていつも、まあ、これでもいいかなと思うんだけど、イヤそんなゆるい基準じゃダメで、もっと高いところを目標にしなきゃダメだと考えながらやってきたんです。

じつは僕はもの作りには強いこだわりがあるんだけど、ものの売り方は、運がよかっただけで、すごく下手なんですよ。それでずいぶん苦労した。前にもいいましたが、なんであんなものばかりが横行しているんだろうというやりきれなさというか、いいものを作ろうとこだわることがいまのＨＡＢＡを作ったと思っているんですよ。

生産と販売はハーバーの商売の両輪だったのですが、わたしは生産というか、商品製作の方はある程度、自信があったんですが、販売が苦手で、なにか名案はないかと思って新しく営業が得意な人をと考えて人材募集をしたら、それまで布団の訪問販売をしていたセールスマンが応募してきたんですよ。昔、そういう商売があったんですけれども、それが疲れ果ててもう布団の訪問販売はしたくないみたいな状態で、うちの会社にやってきたんですけれども、これは豊富な販売の経験の持ち主だなと思って、採用したんです。本人ももう布団を売り歩くのがイヤになって転職を決心したわけです。

けっきょく、会社の未来を約束してくれるのは「人材」なんですよ。わたしは前に、会社が成功、成長するための三要素として資本、労働力、技術が必要といいましたけど、人材こそ資本であり、労働力であり、技術なんです。あのころのことを思い出すと、わたしは運に恵まれていたと書くしかないのですが、とにかく、ついていましたね。

わたしは新聞を読むのが好きで、わりあい丹念に毎日、新聞を読んでいたのですが、あるとき、新聞にはさまれたチラシの存在に気がついて。気分としては藁をもつかむようなところがあったんですが、一度、チラシを撒いてみようかと思ったんです。最初、こんなチラシで買う人がいるのかなあと思ったのです。それでちょっと自分でチラシを作ってみようかなと思って、見よう見まねで作ってみたんです。

チラシは宣伝のやり方としてはかなり初歩的で原始的に見えるかもしれませんが、いまでもスーパーマーケットや安売り家電でセールのお知らせをさかんにしていますよね。チラシは新聞販売店が自分たちが受け持っている区域に新聞といっしょに配達して情報を提供しているのですが、あれは特定の地域に潜在的に存在していて、だけど、どこにいるかわからないお客さんを探り当てる最も効率のいい宣伝方法なんです。

さっきいった、布団の訪問販売をしていたセールスマンもチラシはいい、と。彼はそういう販売に適したいいところを知っているんですよ。新興住宅地がいいんだと。

それで、ボクは彼に「チラシ配るとしたらどこがいい？」って聞いたんですよ。そうしたら、下落合なんかいい家がたくさんあるよ、と。それで、新聞、たぶん朝日だったと思うんですが、特定の地区だけやってみようと、たぶん三千枚くらいだったと思います。

ボクもそれまで知らなかったんですが、地域に配布するチラシは発行元の新聞社には直接は関係ないんですね。地域の販売店の裁量に任されていて、狭い区域だけの広告ですが、販売店の一番のもうけ口なんです。一枚いくらという取り扱い部数で配布の料金が決まるんですけど、枚数が少なければ、たいしたお金はかからないんです。これも取り扱いの広告代理店のようなものがついていて、このときもそういう業者に仕切ってもらったと思います。

細かい話をすると、そのときに入社してきた社員というのは、当時、相撲取りの高見山（のちの先代東関親方）のコマーシャルと訪問販売で有名だった布団の会社のマルハチ真綿だったんです。そこから三人のセールスマンが移ってきて、訪問販売でスクワランを売り歩いてもらったのですが、そういう販売の専門家でさえも一日じゅう足を棒にして歩き回っても一本とか二本しか売れなくて、苦しい状態が続いていたんです。その人たちからも「僕たちが訪問販売して歩く地域に前もってチラシを配ってみてもらえませんか」という申し出もあったんです。

どのくらい効果のあるモノなのか、彼らがそれだけいうのだったらちょっと試してみようと思っただけで、自信があったわけではないんです。

下落合というのは、地味な地名ですが、最寄り駅が目白の屋敷町なんです。

あのときも広告代理店を使ったと思いますけど、地元の新聞配達店は枚数が少なければ、直接に持ち込んで、「お宅の担当地区に撒いてくれ」といえば、やってくれるんですよ。というのは、それが彼らの儲けですから。あのときは非常にちっぽけにやったのですが、それに反応があって、そのあと、違う場所で同じことをコツコツやったおかげで、会社は潰れずに成長していく企業としての基盤が出来ていったんです。

最初はチラシの反応にそれほど過大な期待を抱いていたわけではなかったのです。

だけど、あとから考えると、あのチラシを撒いたことがハーバーにとっては運命の分かれ目になったのです。

なにしろこれが絶対だというような確信があったわけじゃなかった。

明日は新聞にチラシが入る日だというようなことも忘れていた。ただ不思議なことに、その日はいつもより一時間早く会社に行ったんです。どうして一時間早く会社に出ていったのか覚えていないんですけど。そうしたら、「チラシ見たんだけど」といって電話がかかってきた。それはちょうどお金が底をつきかけていたときでしたから。何件くらいだったかは覚えていないんだけど、けっこう注文の電話が来た。それで救われたんです。

これで味を占めて、次はどこがいいんだとまた例の彼に聞いたら、多摩プラザあたりに新興住宅地があるからあのへんがいいんじゃないですかという話になって、そこで同じようにしてみたらまたまたちゃんと注文がきた。そうやって、いけそうな場所を選んでチラシを配って、けっこう注文が集まるようになっていったんです。

販売は最初から苦戦の連続で、とてもじゃないけど安定経営とか商売繁盛とかいえるような状態じゃなかったんです。潰れる寸前だったのですね。そのときにチラシと出合った。

起業した人たちの成功した事例を調べてみると、だいたいみんな最初は、頭で計算してやったとおりにはなっていない。潰れそうになって、こりゃダメだみたいなことでどこか別に販売のチャネルを移したら、そこであたりがあったとか、ほとんどの人がそうです。

わたしはここでやっとスクワランをどう売ればいいかの答えを見つけるのです。要するにいろんな場所で新聞チラシを利用して、つまり紙媒体を利用して、客の所在を探り当てればいいわけです。

あれはいまから考えると、金鉱探しみたいなもので、わたしはこのとき、大きな金鉱に通じる金脈を掘り当てたのかも知れません。あとから考えて、かなり将来性のある、確実な需要だったわけです。あとはこの需要の連続線をどうたぐり寄せて、金脈が途切れないように商品情報を社会に向かって提供しつづけるか、という問題になっていくわけです。

あのとき、一番うれしかったのは自分で人の見よう見まねで作ったチラシにちゃんとしたリアクションがあったことでした。チラシを作ったときには、集中的に手元にあるいろんなチラシを集めて、一生懸命に勉強して、スクワランのことを「これは深海鮫のエキスといわれて……」で、読売新聞からでている本『サメ肝油健康法』なんですが、そこにスクワレンという、主に飲む方の理論が書かれていたんで、もともとはこういうものなんだと書いたんですよ。

それまで、そういう文章とか書いたことはなかったのに、自己流で真似して、新聞を見て、文章を作ってですね。近所の印刷屋さんに組んでもらって。かなりひどい文章だったと思うのですけれど、それを配布した。それを配布したらもう既に、昔の芸者さんとか、スクワランのことを知っていたんですね。そういう人たちが、「あ、これは安くていいわ」と。それで、最初の基盤が出来た。このとき、本当に販売方法を模索していましたから、「アッ、これはこうだ」とわかった気がして、そこから本格的に、新聞にチラシを入れてお客を集めるという、通信販売の世界に行っちゃったんです。思えばとにかく、本当にラッキーでした。

やっぱりですね、われわれ創業者はみんなが言っているんですけれども、お金の心配で夜も眠れない、と。胃潰瘍になったとか、血尿が出たという、そこまでみんな追いつめられて、その、眠れない中で一生懸命に毎晩毎晩、夢中で仕事のことばかり考えて、そのなかでなにか、これをしてみようとかあれやってみようとか、ヒントが浮かんで、だけどなにも思い浮かばずに、そこで終わりになっちゃう人もたくさんいると思うんですよ。わたしはね、本をたくさん読んでいた。雑学人間だったんです。ということは、自分がアイディアの宝庫だと思っているんです。本を読んでいて、いろいろな知識をもっていた。それが応用が利いた原因です。いろいろなチラシを作りつづけたんですが、それも昔、こういうのを見たことあるな、こんなのもあったな、ということを脳の奥で思い出していたのかもしれません。

通信販売というのはけっこう疲れるやり方なんです。どうしてかというと、毎度お馴染みの定型の情報の他に、いつも新しい情報や販売のための新しいアイディアが必要なんです。

ボクはそのアイディアを自分でひねり出すために必死でした。この時期（一九八〇年代半ば）は通信販売の専門誌などが創刊されたころ（註＝カタログハウスの『通販生活』の創刊が一九八四年だった）でした。チラシを使って集めたお客さんたちの人数をふやす努力をしながら、わたしもホントに手探りで自分たちの通信販売のテキストを作っていったんですよ。

前にもいいましたが、いまでも、例えばウチの社員を百人ぐらい集めて、お前さんたちとオレとでアイディア競争をしたら、百対一でもオレが勝つ、と。わたしには、そういう自信がある。

お前さんたちに新しいアイディアを出せといったら百人いても一つも出てこない。出てくるとしても古いのしか出てこないんじゃないか。オレは百のアイディアを出せといわれたら百、出せる。要するに、なんかアイディアはないかと、一般の人がよくいいますけど、その人は特別に本も読んでいないし。情報も持っていない。そういう人に聞いても、なんのアイディアも出てこないですよ。なにも知識がないんですから。やっぱり、いろいろな本を読むとですね。作家は本のなかに、一冊の本を書くのに、ものすごい数の本を読んで原稿を書くじゃないですか。そして、さりげなく情報を読者といっしょに共有して、こんなことがあったんだと、本を読んだ人は自分が気になった情報がなんとなく頭のなかに引っ掛かっていて、そういうのがアイディアの素になっていくのだと思うんです。

問題を整理すると、最初にまずチラシを利用して顧客を確保して、安定的な販売の基盤を作った。そして、顧客の数を確保したあと、そこから販売方法として通信販売を選んだのです。これはチラシ戦略の延長線のやり方です。チラシによる顧客掘り起こしと並行して、チラシで注文をくれた人に簡単なパンフレットを作って、それを送って新しい注文を取る。これをくり返しながら、全国規模での販売ネットワークを徐々に構築していったのです。

自分で商品開発したオリジナルの商品を自分の裁量でまとまることの出来る販売ネットワークで売りさばく、そういう状態になったのは、ハーバー株式会社を創業してから十年近い歳月が経過していました。ちょうど十年めくらいにやっと、ＨＡＢＡは自分がずっと探しつづけていた、生涯を捧げるべき仕事なのではないかと思いはじめたのです。このときはもうわたしは既に年齢が五十歳になろうとしていました。

さまざまの職業を経験し、その都度そこで努力を積み重ね、そのおかげで最終的に幸運なところにたどり着けた。

どうしてと聞かれても困ります。ただ、一所懸命に働いて、全知全能をかけて努力しつづけた。

それしかないです。

自分では、わたしはずっと心の放浪生活をしていたのだと思っているんですよ。自分は若いころから、一生涯なにをやって生きていけばいいんだろうと、そのことを考えていましたね。自分の生涯の仕事はなんだろうと考えつづけていましたね。パブ・レストランを一生つづけるということは考えていなかったですよ。メシの糧ということで。HABAでこれを生涯の仕事にしようと思ったのはこの仕事を始めて十年くらいたってからだったですね。

自分では自分のことはなかなかわからないものですが、わたしは何歳のころからだったか忘れましたが、若いころからずっと、自分の頭のなかで自分の一生の仕事ってなんだろうというのが頭にあった。フタバ食品にいたときもそうだったし、『壺の家』をしていたときも違うと思っていたし、その仕事というのをずっと追い求めていて、最後の最後に手ごたえというか、やりがいを感じたんです。

その想いというのをもう少し詳しくお話しすると、結局、HABAの仕事を始めて、もの作りへのこだわりからたくさん本を読んで、それまでその、前の会社で人をたくさん使って、弁当工場で何十人という人たちといっしょに働いたりしたことがすべて生きてきたんです。わたしが雑学に強いというのが、ものすごく商品開発に生きていて、いっしょに働いている若い仲間たちはドクター(博士号)を持っていたり、いろんなジャンルの専門家たちなんだけれど、そういう人たちとやりあって、彼らがワッと束になって、製品をああだこうだといってくるのをわたしがコテンパンにやっつけちゃうんです。それはもちろん、やっつけることが目的じゃないんです。それじゃダメだ、と。わたしのもの作りの基準をみんなに理解してもらって、もっといいモノを作ってくれ、と。そうやっていいものを作ってきたんです。

そういう日々のなかで、わたしがいままで知ったりしてきたことが、全部無駄なく生きているなと、そう感じたときがあって、それからこれがオレが探していたものだったんだと、ストンと心のなかに落ちた。

ハーバーの通信販売のために作った雑誌（会報誌）は『無添加通信』（現・ハーバー美容手帖）という名前だったんですけれど、わたしは「無添加」ということにずっとこだわっているんです。「無添加」というのは「自然な素材が健康によく、健康が人間に本当の美しさをもたらす」という、これが研究所の基本というか根本思想なんです。

最初のころ、『無添加通信』をつくるときに、文章を書かなきゃならなくて、一時、文章も書いていたのです。そのあと、原稿書きを人にしてもらうようになって、原稿をチェックする側に回った。そうすると、自分で書いた経験が生きたのか、そのチェックも見たトタンにパッとできるようになった。直すといきなりいい文章になっちゃうんです。余分なものはすっきり全部とっちゃうんですよ。そういうことをしたり、終いにはデザインの仕上がりを見て、瞬間的にどっちがいいかという、善し悪しを見分けられるようになってきた。

社長業をつづけて、いろいろなことをせざるをえなくて、それをしているうちにだんだん進化してきたわけです。これは不思議な経験でしたね。

それともうひとつ、トントンと毎月のように、ずっと頭を悩ましてきて、来月はどうしようとか、この先、どうやっていこうかとか、売上げがどうだとか、困ったとか、そういうことがずっとあって、三十年、三十一年…と、鍛えられてきたんです。だから、普通の人よりもやっぱり、否応なく、進化といっていいか、なにかタフになるというか、いろいろなことがわかるようになってきて、これが最終的なトレーニングだったかもしれないですね。

いろいろなことで苦労しましたけれども、やっぱり最大の苦労は販売ネットワークのことでしたね。ハーバー研究所はいまは全国を網羅する販売網を作りあげているんですが、これもさんざん苦労して、完成したものです。

最初、わたしは全国をいくつかのブロックに分ける「代理店方式」を採用したんです。代理店方式というのは地域ごとに販売を請け負う別会社に商品を委託するやり方です。手元の資料を見ているのですが、各地方の分社は次のような時期に作られて、活動を開始しました。時期の早いものから順番に列記するとこうなります。

一九八三年　十月・九州三栄
一九八四年　三月・銀座　五月・鎌倉、興津　六月・京都、四国　九月・金沢
　　　　　　十一月・中部、北海道
一九八五年　七月・横浜　十一月・大阪
一九八七年　七月・新潟　八月・鹿児島
一九八八年　四月・長崎　九月・広島　十月・仙台
一九九〇年　三月・山口、北九州

こうやって、時系列で並べてみると、九州のように拠点都市には必ず代理店があるところと東北のように仙台にしか代理店のないところがあります。いずれにしても、この時期がハーバーの商圏

の確立期でした。

時間はかかりましたが、こうしていちおう、ハーバーは全国に販売ネットワークを持つ会社になっていきました。そして、年商もそれに連れて上昇していきました。

いろいろと苦労して、販売的にもまずまずの成果を上げるようになっていったのですが、しばらくこの「代理店方式」をつづけていくと、様々な問題が出て来ました。それは簡単にいうと、人にまかせることのむずかしさだったのです。

具体的には最初、自分の友人を探したりしていたんです。人に声をかけたり、人を募集したり、いろいろなことをやったんですが。販売はとても自分ひとりでは無理だと思って、自分の周りだけは自分でやろうと。友人に声がけをしたりして、京都については昔の大学時代の同級生が始めたし、四国も知り合いがやりたいといってきて、最初、そういう形で全国をまとめました。結局、だけどそれは何年後かに全部、うちの会社でトラブルなく買い取りました。過分なお金を払ってなんですけど。なかなか人材が見つからないというのが率直な感想でした。

代理店というのはこちらでそこで働く人間を指定できない。そっくり任せるわけですから。いろいろな人間がいて、なかなかこちらが思ったとおりには動いてくれないんです。

代理店方式にしてしまうと、任せることが出来て、本社（本体）の負担は軽くなるように見えるけれども、弊害もあるんですよ。だんだんとこの地区はオレの権利だ、みたいになってくる。最初はみんなそれぞれ、地方の知恵を集めればうまくいくだろうと思ってこの形で始めたんですけれども、だけどそれは頭で考えたことだった。実際にやってみると、死にものぐるいでものを考えているのは、わたしたちだけで、彼らは本社に全部、用意してもらって、こうしてほしいといわれたとおりにする比較的楽な仕事なんですよ。それでも、こっちがいっているようにはしていないわけ。ちょっと監視の目を緩めると楽をしようとする。

本社と代理店の関係はとても難しいんです。本社は通販用の印刷物を考えてそれを作り、販売の戦略を考える。そして、それを代理店に全部伝えて、一律に同じようにさせようとするわけです。本社の指示通りにやれば代理店は十分に儲かる。しかし、それを繰り返していると、そのうちに本社が指示を出してもその通りにはおこなわずに儲けようとし始めるんです。楽して売れれば、それにこしたことはないんです。だけど、本社にとっては重荷になるんです。とても疲れる。

それで結局、最終的にそういう代理店をぜんぶ、買い取ったのですけれども。代理店契約というのは一軒、減らすだけでも大変な神経をすり減らすんですよ。お金と神経をすり減らす。代理店は全部で二十軒近くあったのですが、そういうのを一つ一つしていきましたね。

それと、通販で一番苦しいのは、毎月の売上げを気にしながらやっているんですけれど、新しい戦略を思いついても、それを採用してうまくいっても三ケ月くらいしかもたないんですね。次の戦略を用意しないといけない。用意してあるものをそこで実行しちゃうと、来月に予定していたものがなくなりますから、そうするとまた、来月、また前倒しで、何か新しいことを考えなくちゃいけない。できるだけの効果があるようにと、考えていたことを全部使っちゃう。その月に考えたことを全部その月に使いきっちゃう。そして、翌月、また考える。また、全部使っちゃって、そういうなかでまた、なにか新しいことを考えるんです。ぎりぎりまで、もう今日思いつかないと締め切りに間に合わないというところまで考える。

具体的にいうと、販売方法としてインセンティブをつけるとかいうことなんですが。（1）

通信販売というのは奇妙な世界で、おまけのようなものを何もつけないで、新しい刺激もなしに情報提供してもダメなんです。通販をたとえていうと大きなプールのなかにお客さんがいて、プールの周りにいろいろな会社がいて、だいたいどのお客さんも六社から七社、多い人だと十社以上のカタログを見て、自分が欲しいと思う商品を選んでいる、つねにそういう競合状態にあるんです。

新規の工夫のない、進歩した感じのしないカタログを送りつけて、注文が来るのを待っていても、先行している同業の他社に顧客をごっそり持っていかれてしまうのです。そのことを意識しながら、たえずちょっと魅力的な新しい仕掛けを作って、毎日、それを発信して、お客と交流しなければならない作業なんです。

そういう状態のなかで、どんなアイディアを思いついたかというと、例えば、お誕生日に薔薇の花をプレゼントするというのをしたことがあるんです。一輪の花だけど、立派な花が届くようにして心の交流を図ってみたり、いろんなことを企画してきました。販売方法を知っているいろいろな人を十人くらい集めて、なにかいろいろな意見を出してくれと頼んで、それが三百でたとしますね。たぶん、そのうちの九十九・九パーセント、これまで全部やってますよ。もう新しいアイディアはほとんどないと思うくらい。そのくらい、いろいろなことを考えつづけた。

今日考えないと間に合わない、もうひとつ仕掛けが欲しいという、そういう状態を何十回と経験しているんですよ。そのとき、わたしは必ずなにかを思いつくんですよ。昔、中学生のときに数学の問題があって、大変に難しい応用問題で、それを一週間、考えたことがある。一週間目に問題の解き方がピカッとひらめいた。わたしにはそういう状態になることがあるんです。なにかを求めてどうにもならないでいるときに、最後に光りがピカッとひらめくように答えを思いつく。それと同じようなことを毎月のようにやっていました。

ですから、そのころは仕事が終わると、三十代のころからそうでしたが、仕事が終わったら疲労困憊して、ヨレヨレになって家に帰っていましたね。

通販で注文してくれるお客様は固定客のように見えても、じつはそうではないんです。なにもしないでいると、一定期間の経過のなかで、注文がズルズル落ちていくのですよ。だから、通販というのは絶えず新規のお客さんを取らなければならない。新規のお客さんを取るのにも、ものすごく良い商品が出来た、例えば、そう考える。それじゃあサンプルを無料であげます、と。新聞にチラシを入れる、新聞広告、それでいくら使ってどのくらいの人が来るかというと、一人のただサンプルがほしいという人を見つけるために三千円で出来れば大成功です。一万円以上かかることもありますよ。なにかサンプルを差しあげますといっても、反応しないんですよ。それはサンプルがほしいというと、またなにか売りつけられるかもしれないとか、相手も思っていますからね。いまはウチも三千円以内で新規のお客さんを見つけられるようになってきましたけれども、本当に新しいお客さんを見つけるのは大変なんですよ。

新規の顧客をどう取っていこうかと考えて、ずっと刺激的なことばかりしつづけると、反応がバッタリなくなるんですよ。だから、全然違った方法はないか、と。いまいるお客さんも安定したものじゃなくて、もうちょっとこっちの商品を使ってほしいとか、じゃ、お客さんにこういうのを同封して勧めようとか、いろいろなことを考えるんですけどね。

実際のところ、わたしたちがしてきたことは、雑誌の編集と同じかもしれませんね。だから、時々わたしのところにもいろいろな雑誌が送られてくるんですけれども、それを見て、あっ、これは使えるかも知れないと思うことがある。ヒントになったものをアイディアとして販売促進に使うことがあるんですよ。やっぱり消費者というか、受け手の側のデータというのはドンドン古くなっていって、しばらく注文がないなと思うと、浮気していましたという話ばっかりなんです。他社から新しいメッセージを受け取ると、あっ、これいいじゃないかと思って、それまで付き合っていたところのことをすっかり忘れてしまう。

《消費者は浮気性》という話はもしかしたら通販だけではないのかもしれません。化粧品の大手はいずれもショップ展開で消費者と結びついていて、通信販売の顧客とは違いますが、どこも膨大な宣伝費を使って自社製品の売り込みというか、顧客の囲い込みに必死になっています。化粧品はある程度はブランド力ということもあるんでしょうが、お化粧するということについては女性たちは浮気性で、いつも新しい、ちょっとでも自分がキレイに見えるものを求めつづけているとわたしは思っています。

通販は本当に頭がぞっとするくらい印刷物で勝負します。

この印刷物も難しくて、あれこれと仕掛けが必要だということがわかるんですけれど、仕掛けばかり詰めこんでいると、今度はお客さんが引くんですよ。例えば最初のころ『無添加通信』というのを作っていたんです。これは読みものも上手に入っていたんですよ。そのうちにだんだん頁が増えたら、商品写真でも去年のこの時期にこのぐらい売れたんだから、今年も同じように売れないといけないというので、写真に迫力を出して頁を作って、気がついたら、どの頁もみんな迫力のある写真ばっかりで、息苦しい売り込み雑誌になっている。読者は楽しさより圧迫を受けるわけです。そうすると、以前は楽しく読んでいたけれど、なんか読むところなくなっちゃったね、といわれて、ドーンと括られる。その時にもうすうす感じているんです。ああ、これは方向転換しないとダメだな、と。それで写真を小さくしてですね、もうちょっと楽しいことを入れたりとか、そういうことをやっていた。

飽きられて変えて、また飽きられて変えて、そういうことのくり返しだったですね。

もう本当に考えに考えて、考えに考えていましたね。

最近はウチの会社の雑誌に関わっている女性たちがみんな、他社と比較すると、育ってきていて仕事が出来る人たちが増えていて、一を指示すると二こたえてくれるようになってきたんです。

【註】

（1）インセンティブ（incentive）はセールスの専門用語で、目標を達成するための刺激、誘因。企業が販売目標を達成した代理店や営業ノルマを達成した社員に支給する報奨金、ご褒美のこと。動機付け、見返りというような意味合いもある。

第五章　無添加主義への道

ハーバー研究所という企業というか、人間集団の考え方がどういうふうにしてできあがっていったかをもう少しきちんとお話ししておきます。

創業時代、せっかく確立した販路＝代理店システムがどういうことが原因で機能しなくなっていったのか、その経緯を覚えている限りで、もう少し詳しくお話しすると、こういうことなんです。

まず、わたしが考えた代理店を通しての販売方法の要諦はこういうことでした。最初にすることは新聞にチラシを入れて配って客を集める。地域の新聞や、該当の地区に限定したモノを情報提供する。そうやって集まってくれたお客さまに定期的にこちらから雑誌形態の定期刊行物や郵便物などで注文を集めて、売買を成立させる。

これが通信販売のメソッドなのですが、スクワランは商品としての引力が強く、集客の方法を見つけ出したあとは、わりあいスムーズに通信販売が始まって、時間が経過して、全国的にコマーシャルを打ったりして、そういうことの影響力もあり、ＨＡＢＡの知名度も上がってトントンと評判も上がっていったんです。

代理店も商売を始めたころは販路の確立に必死になってくれましたが、スクワランが有名な存在になり、ハーバーも信用が増してくると、彼らは初めのころのような苦労をしなくても商売できるようになっていった。

そういうなかでのことですが、通販というのは新しいお客さんを取る努力を怠けていると、だんだん売上げが減っていくものなんです。

ところが、皮肉なことに手抜きして宣伝をかけないでいると、逆に利益は拡大していくのです。わたしが代理店システムを廃止して、販売網のリストラをしなければと考えた、最大の理由は代理店がマンネリ、ルーティン化によって出てきた弊害を解消するためでした。

本当に、人間というのはいろいろな人がいるな、と思うのですが、代理店も同様で、いろいろな人間が絡んできて、こちらが思った通りに動いてくれないことが多いんですよ。代理店にしてしまうと、弊害もあって、例えば隣同士の代理店も最初は仲よく営業していても、そのうちに縄張り意識が出てきて、この地区はオレの権利だ、みたいになってくる。

こっちは一生懸命に苦労して、さんざんに知恵をしぼって戦略を考えて、それを彼らに伝えて、同じようにしてもらう。それで代理店は十分に儲かるという、そういうふうにいったら、勘違いされてその通りに行動しないとか、ですね。いっしょに仕事をしていて、精神的に疲れてしまう。

前にもいったかもしれないけれど、通販というのはなにもないところから始めると、ひとりのお客さんを得るために何万円とかかるんですよ。まあ、すでに何千人、何万人の顧客がいて、利益を出そうと思ったら、しばらく新規の広告を打つのをやめれば、そのあいだの売上の利益はものすごく大きいんですよ。直接売っているのですから。送料しかかからない。

彼らはそういうことを始めた。そうすると、会社全体から見ると、その地域の売上げの伸びが悪くなるんです。だから、銀座や北海道は伸びていても、全体としては伸びがギリギリになってしまっている。そのなかで毎月、商品を売りつづけていく。

通販のお客さんは常連のように見えますが、じつは通販会社はものすごい数あって、いつもお客さんの奪い合いをしているのです。お客さんは今月はこっちで買って、来月はこっちでやってということを普通にしているんです。そういうなかで、相手よりも先に出したほうがいいとか、ウチの戦略を向こうが真似したとか、いろんなことがありました。ウチはF社さんなんかより売上げは小さかったんだけど、ライバルたちからウチに移動してくるお客さまの率が高いんですよ。

ウチの商品というのはいま売られている化粧品のなかで一番安全なんです。だからよその化粧品でトラブルにあった人とか、デリケートな肌の人たちが多く集まってきます。だから、ウチを目の仇にしているところが多くあって、そういうところが潰しにかかってきたんですよ。その動きに対する戦いをずっとしてきた。

毎日毎日、死にものぐるいでやってきたんです。

結局、いろいろとしているうちにわかったことは必死で戦えばなんとかなるということでした。だけど、そういうなかで、マンネリというか、売上げが少しずつ伸びを欠いていった、成長率が鈍った、という気がします。

会社を興す人は誰でもそうだと思うのですが、わたしもいずれはハーバーを株式公開して、というふうに思っていたんですが、そんなことしていたら、目標にしている株式公開が出来ないんです。小さいままで、じり貧の状態でいる会社は株式公開なんか出来ないのですから。やっぱり、順調に安定的に伸びていかなくちゃならない。そのためもあり、毎月が戦いでした。

自分なりに手を尽くしたという状況のなかから、なにかもうひとつ仕掛けが出来ないか、どうしたら人の目がひけるか、お祭り騒ぎをする、そういうことを毎月、考えつづけていました。

頭で考えたことを手足が完璧に実行するためにはどうしたらいいか。いろいろと考えて、わたしは代理店システムを解消して、販売をハーバー本体で直接管轄しようと思うようになったんです。

これはいま思えば、大手術でした。普通は代理店契約を一軒、減らすだけでも大変な神経をすり減らすんです。

それを何度もしたんですから。お金と神経をすり減らす。そういう作業を何年間もかけて、一つ一つつづけていきました。

この時期、同時に並行してハーバーは海外進出していて、わたしはオーストラリアとアメリカと東京を忙しく行ったり来たりしていたんです。代理店が上手く機能していなくて、なんとかしなきゃと思っていたんだけど、わたしの留守中に、もう辞めちゃった人なんですが、販売のことをまかせた人がいて、その人が女性たちが集まってやっていた代理店に対して、ものすごい罵詈雑言のようなことをいっていた。で、その代理店の人に、わたしはこういわれた、と。彼がそんなことをいっていたなんて、わたしは信用しなかったけれど、本当にそうだとわかった。その人は、そのあと結局辞めざるをえなくなった男なんだけれどね。

あるとき、女性たちが作っていた代理店が四社くらいいっしょになって、急に辞めるといってきたんですよ。あの人を憎んでいるとか、いっしょに仕事するのがイヤになっちゃったとか、いろいろあるんだけど、個人的にはわたしのことは恨んでいなかった。わたしに対しては、「お世話になっているのに申しわけありません」というんだけど、もうＨＡＢＡの仕事はしたくないといってきたんですよ。

そのころ、わたしは代理店システムの限界を感じていて、内心、本部統合しなきゃいけないと思っていたから、内心はホッとしながら彼女たちの話を聞いていたのです。

彼女たちは担当していた地域のお客さまの名簿を持っていたのです。

それで、自分たちがお客さまを押さえている。電話をかけてきて注文をする人に、「あ、○○さん」て応待して、名前もわかっている。人間関係で進めているから、わたしたちと手を切っても大丈夫だと思ったらしい。

結局、彼女たちはＨＡＢＡの代わりに自分たちで見よう見まねで作った別のものを売って商売をつづけようとしたんです。けれど実際には、ウチの会社を辞めたあと、自分たちだけでしてみたらじり貧になっていって、いつの間にか姿を消していきました。

化粧品業界にはこういう化粧品を作ってくれといわれて頼まれ仕事をしている下請けの会社が３０００社くらいあります。どこかのそういう会社が同じようなモノを作りますといったのだと思います。自分たちで同じようなモノを作って売ればいいと思ったんじゃないですか。ところがね、無添加のモノは作れないんですよ。完全無添加なものは。それなのに、これはほとんど変わりませんよ、同じですよといって商売しようとした。

彼女たちは自分たちの顧客名簿を持っていて、しばらくはそれで、商売できると思っていたんじゃないですか。結局、それがじり貧になって消えていった。こちらとしてはその名簿は手に入らなかったけれど、全体として統合しようと思っていましたからね。あらためてその地区にチラシを撒いて、お客さんを集め直して、ということがありました。

この代理店を解体して本社からの直販に変更する作業は主として、平成に入ってからやったことなんですが、全国を網羅していた各代理店に、本社に吸収されるか、ハーバーから離れて独立した小売店として活動するか、ふたつにひとつを選んでもらいました。独立するのであれば、商品は提供する、ということはいいました。本社に吸収するというのは、要するに代理店そのものを破格の値段で買い取るという意味で、これは代理店の人たちが想定していた価格よりも好条件の、ずっと高価格での取引だったと思います。この作業を丹念に、順番におこなっていったのです。

それで、最後の最後にもめたところがかなり大きな代理店だったんだけれど、結局、そこは、こっちからはやめてくれとはいわなかったんですけど、ウチがよその代理店とものすごくいい条件で取引きしたことを知って、ウチの権利も買ってくれといい出して、条件を出してきた。

これはまあ、地域主権ですから、彼らの意向を尊重せざるをえない。細かいことはいろいろあったんですけれど、大きくこじれることはなくて、直接に本社が関わる販売のネットワークを作りあげることが出来たんです。

長年仕事していてわかったことですが、通信販売というのは代理店を通して売るのも、直接売るのも同じことなんですよ。ハーバー大阪とかハーバー京都じゃなくて、ハーバー研究所がやりますよ、ということなんです。お客さんから見たら、地域に密着していたのが本部一本になった。もともと通販というのは本部一本なんです。だって、注文を受けて送るわけですから、その本拠地というのはどこにあってもいいんです。アメリカにあってしているところもあるし、ジャパネットは九州の佐世保に本拠地があるんですから。福岡とか、九州は通販の会社がすごく多いんですよ。そういう時代になったんですけれど、わたしがなぜそうしたかというと、お客さんともっと密着するべきだと思ったからなのです。

その地方、その地方で販売の抱えている状況が違うし、問題も違うんですよ。例えば、北海道の人の肌のかさつき具合と、沖縄の人とは全然違う。一度、冬の二月に沖縄で販売会議をしたことがあるんですよ。真冬ですから、会議に参加した女性何十人か、みんな肌ががさついてしまっていた。それが、空港をおりたとたんに肌がしっとりしたというんです。そのくらい女性の肌のコンディションは気候と湿度に関係があるわけです。

そういう話からいえることとは、ホントに地域に密着しないときめ細かい販売が出来ないということがひとつ。それから、通信販売における販売方法というのは永遠に勉強をしつづけなければならないモノなんです。ですから、各代理店の過去のデータを一カ所に集めて、ここではこの売り方で成功した、それだったらほかのところもそれで応用したらいいのじゃないかとか、そういうことを考えていたんですよ。結局、各地の地域格差みたいなモノは、沖縄のような特別なところを除いては問題なかった。

九割以上の地域で同じような状態と考えても問題はなかった。

次に地域からどういうアイデアが出て来るのかという問題は、地域からアイデアは出てこない、というのがわたしの結論でした。つまり、死にものぐるいで新しい売り方を考えていたのはこちらだけで、地域販売店は、本社から来た毎月のチラシはこうで雑誌はこうだといって、ただ配るだけというのが現実だった。他になにも努力しようとしてくれなかった。だから、こちらが頭だけやっても上手くいかないなと考えるようになっていったんです。


代理店としては、儲けが出ているんだからいいじゃないか。儲けが減ってしまうようなことをあらためてやる必要はない、もし売れなくてもそれは自分たちのせいじゃなくて、本部が作るモノがダメだからだ、というのが当人たちの理屈だったんです。

地域の代理店は自分の縄張りのなかでしかものを考えないものです。

地域ごとに別々に代理店を立てていると、中央の本部とその代理店のあいだの連絡もバラバラになるし、代理店同士の連絡の緊密さや仲良し具合も違ってきてしまうんです。ちょうど江戸時代の大名みたいなものですよ。そうなると、全体が抱えている問題はよほど緊密に意思疎通しないと把握しにくいし、解決もしにくくなってしまう。

販路を一元化して一極多肢化しなければと考えたのは、本社としては当然の発想だったと思います。この問題の難しいところは代理店の役割は同時に、その権利でもあったことでした。当然のことながら、こういう販路一元化になると、自分たちの権利を強く主張する。

こういうふうになったのは、自分のせいなんですよ。わたしの頭のなかの理想主義のせいなんです。あとで聞いたら最初からクロだった代理店もあったんですよ。事務所を借りるだけならお金は他にかからないですから。だからまあ、そこからわたしは自分ひとりで苦労する道を選んだのです。

わたしは決して頭は良くないし、要領も悪い。いまから思えば、遠回りしていたなと思いますよ。通販会社のなかでは、わたしのところが一番遠回りしているんじゃないかと思います。

だけど、ここまで来ていまから考えると、あのときのあの問題で苦労して遠回りしたのはじつは近道だったかも知れないと思うこともあります。どうしてかというと、いろいろトラブルに遭遇したけれど、ハーバーという会社を生き延びさせたのはスクワランという商品の力がかなり強かったからだと思うんですよ。

あれから三十数年の時間が経過して、あのときのスクワランにのめり込んでいった自分の気持ちを分析すると、やっぱり「化粧品一般」に対する怒りがあったと思います。

それは、既存の化粧品業界に対する怒りでした。

結局、わたしは、怒りというか、なんでこういう商品をこういう売り方をするんだと、そんなの身体に良くないじゃないかという、テレビの『化粧品、その正体を探る』という番組の話をしましたけれど、化粧品業界に対する怒りがすごくあって、じつはそれはいまでもあるんです。他のメーカーがやっていることにたいする怒りが。わたしの出発点というのはその怒りなんです。そこから始めたから、キチンと百点満点のものを作りたい。

創業時にわたしは理想を持っていた。わたしはロマンチストで理想は高いんです。

自分の理想を説明すると、北海道に自社工場を作って自分で理想的なもの作りを実現しようとしたし、電話も外注のコールセンターにまかせて、いい加減な対応をしていちゃダメだ、と。お客さんのことがちゃんとわかっている人が注文を受けなくちゃダメだ、と。効率の良さを追求しているだけじゃダメだと。物流も手作業で心をこめたモノを送らなきゃいけないんだ、と。たしかに遠回りをしたけれども、遠回りした分だけ、工場を作って物流センターを作って、しっかりした拠点作りをしてきたわけです。

もうひとつは、ショップを作ったこと。デパートとか、駅前とか、何カ所か、お客さんに信用してもらうためには、地域に目玉になるモノがなきゃいけないと思ったのです。

理想を追求するということは現実と妥協しない、ということですよね。そういう生き方をすると、現実に押し流されて生きる人や現実と妥協しながら生きる人たちと溝を作るし、場合によってはその人たちが敵になることもあります。場合によっては自分を犠牲にしなければならないこともあります。理想に生きるとはそういう意味なのです。

わたしの創業は失敗だらけのミステイク続きだったんですよ。最初のころは自分では化粧品を作っているなんて思っていなかった。いまだから告白しますけど、本当によく生き延びられたなと思います。

あのころのことを思い出すと、もうどのくらい失敗したかわからない。わたしは本当に正真正銘そう思っているんです。だけど、わたしは自分ではそういうなかで毎日、進化してきたと思っているんです。毎日、会社のことを考えて、ここをもっとこうしようとか、どこかを直したいとか、いろいろと仕事をしているわけです。だから、わたしに合わせてウチの会社も進化していると思うんです。わたしは家にいても仕事のことばかり考えているし、いつも何かを考えつづけていて、それで結局、そういうなかで一番進化したのはわたしだったんです。

健康食品から始まって、サプリメントですよ。そのうちに肌にいいもの、身体にいいものだというスクワランオイルを単品で出しましたよね。それは、これだけあればいいんだ、ほかに何にも使わなくていいよ、というものだった。スクワランはわたしにとってそもそも、化粧品というより、ただの健康食品みたいなつもりだったんです。そこから始まったから、こういう商品群が作られることになったんですよ。何年かつづけて、なんかおかしいなと思うようになっていったんです。

それで、いろいろと調べているうちに、「あ、これは相方の化粧水がないとダメだな」と、それに気が付いて化粧品の世界に入ったんです。その状態でかなりいろいろなことを勉強した。勉強する時間はたっぷりありましたからね。

それで、化粧品ってパッと考えると、鮮やかな色の着いたメイクを連想しますよね。じつはそれとスキンケアとふたつあるわけです。われわれはじつは、メイクのことは一度も考えたことはなかったんです。もちろんいまは考えていますよ。途中からお客さんにメイク用品も無添加のモノが欲しいといわれて、だんだん勉強して再三チャレンジして、そういうものをウチの商品にプラスしましたけれど。

最初はスキンケアだけだったんです。しかも、最初のルーツというのは、スクワランに目を付けた。それはまさに〝作る健康食品〟的なアプローチだったんです。だから、代理店として選んだのも大学時代の友人だったり、昔の同級生が地方でなんとかがんばっているとか、かれらはみんな男だったんです。でも、男でもわかるんですよ。そのほかにも何人もの男がそのころ、研究所の販売部門に絡んでいたんですけれども、結局、みんなわかるんですよ。ホントは自然体がいいんだと。つけるならこういうのをちょっとつければいいんだと。肌というのはもともと、守る機能を持っているんだ、と。そうすると、みんな、そっちの方にドンドン考えが行きますから、化粧品の世界じゃない世界だっていう感覚があるんです。

健康食品の延長線上でものを考えていったんですが、そのうちにだんだん化粧品の世界がわかってきて、化粧水のことを考えるようになっていった。やっぱり化粧水が必要だと。冬場になったら、ものすごく肌がかさつくけどなにかないのか、と。それで、今度はスクワランの保湿性をもうちょっと高めよう、と。そのために練り状にしようとか、粉状にしようとか、要するにスクワランというオイルでいろいろなタイプのモノを全部用意したのはわたしたちが最初で最後だと思いますが、そういう工夫をめぐらせていくなかで、技術者たちが育ってきた。それで、例えば、ビタミンCの入った美容液が作れるようになっていった、そういう広がりです。

わたしたちが追求しているのは化粧品の世界じゃないんです。ウチの販売チームは、自分たちが売っているのは化粧品じゃないよ、っていっていますからね。

お化粧という言葉は普通に考えると、美しくなるためのもので、英語でいえばメイクアップです。ひと口に化粧品といいますが、じつは化粧品は大きくふたつに分かれています。それは基礎化粧品と口紅、ファンデーション、アイシャドウなどのメイクアップのための化粧品です。

第三章の90頁に終戦直後のメイクアップ化粧品の話を書きましたが、化粧品というのはそもそも肌を痛めつけるものなのです。

わたしは「お化粧」の持つ、そのダークな部分を排除して肌を痛めつけない化粧品を作ろうと考えました。

「顔を美しく見せる」ことと「身体にいい」ということは、じつは矛盾しているところがあるのです。

肌を健康な状態に維持しようとするのが基礎化粧品なのです。わたしは要するに、HABAの基本的な主張の通り、健康と美の調和を考えながら、化粧品の世界に入っていったのです。

〝わたしたちが売っているのは化粧品じゃない〟という言葉はまさにそういう意味なんです。

美しさには耽美的な美しさとか、妖艶な美しさとか清純な美しさとか、いろいろなイメージがあります。

ＨＡＢＡが追求しようとしていたのは、身体が健康でいられる美しさでした。わたしにいわせると退廃的な美しさは真の美ではない、ということです。

わたしたちがメイクアップ化粧品をつくりはじめた経緯にはそれなりの理由がありました。

最初は、基礎化粧品だけの商品ラインで進めていたんですけれども、ウチの化粧品を使い始めるお客さまというのは、別の会社の化粧品を使っていて、なんらかのことで皮膚トラブルを経験した人が、いろいろに調べて、ＨＡＢＡがいいらしいとすすめられて、使いはじめて下さる方が多いんです。

そういう方たちが色もの、メイクのための色の鮮やかなものがほしいと言い出したんです。

そのときに、「無添加主義」ということを大きく打ち出すことにしました。

ハーバーは無添加主義といっていますが、わたしがなぜ、無添加ということにそれほどまでにこだわろうとするようになったのか、そのことをもう少し正確に、説明しておいた方がいいと思います。

まず、スクワランを研究していて、これをもっと上手に使いこなすためには別途で化粧水が必要だということがわかったのです。それで、化粧水を作らなければと考えた。だけどそこで、化粧品の「添加物」という問題にぶつかるんです。そこで、安全ということを追求しなければいけないと思った。

わたしがどうして、そういうことを考えるようになったかは、その当時、化粧品のパッケージのうしろを見ると、いろいろな成分が書いてあるんですよ。全部の成分は書いていないんだけれど、要注意成分というのを見て、それが自分の肌に合わないと思う人は買わないんですけれど、それじゃあ、その要注意成分というのはいくつあるかというと、１０２種類あるんですよ、公表されているものだけで。

これは要するに、当時の厚生省（現・厚生労働省）が、この成分を使っている場合にはきちんと書きなさい、と。「表示指定成分」というんですけど、これには指定された表示義務がある。その義務があるのが１０２種類あるということなんですよ。そのなかの重要な成分のひとつがパラベンという防腐剤なんです。何種類かあるんですけれども、このパラベンという防腐剤のおかげで、世の中の化粧品のほとんどができあがっているのです。

パラベンはものが腐るのを防いでいるのだから、これがないとかえって危険だという人もいます。

これはほんの少し入れただけで、菌という菌を全部、殺しちゃうんですよ。ですから、昔の化粧品工場というのはけっこういまみたいに衛生的じゃないことが多かったんですけれども、われわれの周辺というのは菌がたくさんいますし、ほかにどんな菌が入っていても、パラベンが含まれていれば、なんでも死んでしまうんです。

そして、何年でももつ。ですから、それなしでは化粧品は作れないのです。それがパラベン。それがまず、旧表示指定成分に入っていた。安全とかいわれましたけど。発ガン性があることがわかったりして、そうなっているわけです。これが、要注意成分の大物のうちのひとつなんです。

当時、化粧品公害という言葉が話題になっていて、いろいろあったのですが、そのことについて詳しく知るにつけ、もし化粧品を作ることになってもパラベンは絶対に使うのはやめようと思っていました。

もうひとつの大物が、女性の口紅などを作る色素です。赤色何号という、真っ赤な口紅の場合はほとんどそうですけれど、赤色何号というタール系の色素ですね。タールから採れた真っ赤な色はたくさんあるのですけれども、これも発ガン性があるし、色素沈着も起こすんです。化粧品というと、素肌につける基礎化粧品と、メイクをするためのものがある。メイクのときは赤色何号というものでないと赤い色が出ません。でも、これがまず、問題なんです。

わたしはそういう防腐剤とタール系色素を使わない化粧品作りに取り組んだ。

これは本当に商品を完成させるのに、十年以上かかりましたね。十年で、冷蔵庫に保管してもらえればというのがなんとか作れて、十年以上かけて研究して、ようやくいまの形というのができたわけです。というのは、結局どうしたかというと、防腐剤という成分ではないんだけれど、製品を安定させる成分がいろいろとあるんですよ。そういう別の目的の成分のなかに殺菌力だとか、防腐力を持っているものが見つかって、それを上手く組み合わせると、安全なものを作ることが出来る。そのやりかたでかなりの殺菌力を出すことが出来るんです。でも、パラベンほど強力じゃないんですよ。だから、それをするためには、非常に衛生的な工場を作って、そこで生産しなければならない。できれば製薬環境に近い工場を作る必要があった。ということで、北海道に自社の工場を作ったわけです。

西暦二〇〇〇年の一年前、努力の甲斐あって一九九九年にはいろいろなものを作れる技術ができるようになった。それでもウチは色ものも無機顔料(ミネラルカラー)でしか作りません、と。無機顔料というのはミネラル・カラーというんですけれども、専門的には炭素タール系の色素とか、そのたぐいを有機顔料と呼んでいるんですが、炭素が入っている、生命活動をしたものですね。鮮やかな色のものです。それは一切使わない。鉱物、酸化鉄だとかそういうものだけで作るということにチャレンジして、これはなんとか、それらしい色を出すのに五、六年かかった。

口紅でいうと、真っ赤というのは作れないんだけれども、十年くらい苦労して、これだったら大丈夫かな、と。真っ赤ではないけれども、これだったらまずまずではないかというものを作れるようになったんです。

いまはけっこういろいろな色の口紅のバリエーションがあります。カタログに自社の口紅が並んでいるのを見ると、いろんなことを思い出すんですが、これは全部、防腐剤の入っていない、タール系のモノではない色素を使って作ったものですから、比較的取れやすいし、真っ赤にはならないんだけれど、ちょっと落ち着いた、大人の口紅という感じですね。なんていえばいいのか、溶け込んでいないんですね。厳密にいうと、粒ですから、浮いてついている状態なんです。だから、比較的取れやすいんです。そのかわり、色素沈着のようなことはおきません。

これが、無添加ということにこだわった全体としての流れなんです。そのなかで、いったように最初はビタミン剤から始めたわけですが、そのうちに鉄分をとるためのサプリメントを出すとか、いろいろ試みたのですが、それも全部、防腐剤を使わないでやっていくという、同じ思想ですね。もう最初からパラベンは使わないぞ、と思っていた。それでも、ビタミン剤を開発しているときはそんなことを心配する必要もなかったんですよ。むしろ、他社のドリンク剤とかを扱ったことがあるんですが、そのときも、防腐剤（パラベン）のはいったモノは絶対に扱いませんよ、といった。そういう問題にぶちあたって、それをハーバーのルールとしてずっと守ってきた。これまで一度も使っていません。防腐剤は絶対に使いませんよという信念はずっと変わっていないんですよ。

それから、無機顔料（ミネラルカラー）宣言ということをしているんです。ウチはこれまでいろんな宣言をしているんです。もうどんな返品でも受けつけますという宣言もしているんですが、中にはひどい人がいて、使い終わりそうになってから、返してくる人もいるんですよ。でも、そういう宣言もしているんです。

それからミネラルカラー宣言ですけれども、メイク用の化粧品に無機顔料しか使わない、ということです。

口紅などで一通りのモノが作れるようになりました。これはつけてみると、真っ赤ほど赤くはないんだけど、ちょっと色は落ちるんですけれど、でもお客さまに「これだったらいいね」、「ここまで出るようになったね」といっていただいて、文句が来ない程度の色が出せるようになった。

色のなかで一番難しいのが真っ赤なんです。この色が出せればどんな色でも作れるんです。わたしたちの赤は基本的には酸化鉄で出しているんです。酸化鉄の焼き方で、黄色になったりオレンジ色になったり赤くなったりするんです。あとは……なにかの白系ですね。そういうものを上手く使って作ったんです。これは自分たちのところではなくて、外部のそういうことの専門のところがあって、そこに担当してもらいました。そういうことを研究している機関はいろいろ、世界中にあるんです。ただ、いま名前をあげたモノだけではいい色のモノはなかなか作れないんですよ。

例えばファンデーションだと、そういう成分が入っていたりしますが、基本的にどこのメーカーも赤色タール系の色素とかを使っていますから。これは外国のモノもそうですし、大手の化粧品会社でも使っているところがあります。これがないと、鮮やかな、ツヤのある赤の色が出ないんです。わたしにいわせると、本当にこんなものをつけていていいのか、というようなものを平気でつけることになるんですよ。

理論のウソがありすぎるのです。そんな理論で商売したらおかしいんじゃないかという、そういう怒りですね。

それで、自分のところで作るモノをどう考えているかというと、ビタミンでも水溶性のモノと脂溶性のモノのふたつしかない。それをいろいろに分けて何種類も買ってもらうのは心苦しいし、コストを下げないといけない。また、他社にウチのモノよりも技術的に優れたものがあって、いいものが作れていればそれはそれを買ってもらえばいいと思っているのです。わたしは他社で出していなくて、必ずコストパフォーマンスがいいとか、いろんな工夫をしてウンと効き目があるとか、そういうものに特化して、ひとつずつ科目をふやしてきました。

わたしはね、自分をものすごいロマンチストだったと思います。将来のことをいろいろに夢見て、自分の将来の夢を考えつづけて、自分は将来なにをしたいんだろうか、なにをやるために生まれてきたんだろうかと考えつづけた。将来のことをいろんなふうに考える男でした。

もうひとつは、人間について、性善説というか、お人好しなんです、根幹が。でも、自分ではお人好しを悪いとは思っていないんです。いまでも、人がいいということは素晴らしいことだと思っているんですね。人に聞かれたら、わたしはそれを自慢するんです。

それから、もうひとつ、いま自分の人生をふり返ってみて、そのときは考えていなかったんだけど、やっぱりオフクロに愛情をたくさんもらっているんだと思うんです。親父もあんまりいろんなことはいわなかったけれど、わたしが高校を卒業して東京に出てきたときに生活の厳しいなかで、田舎から仕送りをしてわたしを支えてくれた。この本が欲しいというと必ず買ってくれた。だから、わたしは親から愛情をいっぱいもらっているんじゃないかと思うんですよ。そういうふうに育ててもらったと思うんです。

子どものころ、わたしはガキ大将だったけれど、人をいじめた経験というのがないんです。なにかあって犯人はこの人なんだろうなと思っても、それを許すというか、責めきることができない。途中から、まあ、しょうがないか、と思うんですよ。こいつを責めてもこいつも一生懸命にやってるんじゃないか、と。そういう意味では、自分がこういうことを考えているときに、世界中の人たちがそれぞれみんなバラバラに全然違うことを考えている。それって不思議なことだなあと思うんです。

みんながそれぞれ全然、別の人生を歩いている、これも不思議なことだと思うんです。いつもそういうことを考えつづけてきたんですよ。結局、そんなふうに考えてきたことが、いまになってきて、コイツにはコイツの人生があって、コイツも一生懸命にやってきたんだよな、と。それに対してわたしがひどいことをいったり、したりしているけど、向こうは善意なんじゃないかと。いままでもそう思うんですよ。どうも、ものごとを悪い方に考えられない。過ぎたことはもういいやというのが、根本的なわたしの性格なんです。

わたしは昔の苦労した時期のことを忘れちゃっている。ぜんぜん覚えていない。十年後がよければいいと、もっといえば、明日がいいと思えればそれでいいと考えながら生きてきた。でも、もうひとつ、わたしの心のなかには第三者の自分というのがいるんです。その人がわたしのことをちゃんと見ている。その人がいうんです。オマエ、そんな言い方をしたら、相手にわからないよ、とかね。相手は困っているんじゃないか、とか。

これはずっと後になって、最近ですけれど、第三者の目で自分を見ることは経営者にとってはすごく大切な資質なんだということを知った。これは相手の立場でものを考えるということですね。こっちで考えるんじゃなくて、向こうから見たらどうなのか。それがわたしの性格のひとつかもしれない。

いまでも、お金のことで騙されても途中でどうでも良くなっちゃったりするんですよ。

世の中で一番難しい問題のひとつが、お金のことだと思います。、そのことについて、わたしには信念がある。

お金というのはホントに魔物だと思うのですよ。わたしが昔、お金を貸した人がいるんですけど、この人は学生時代の同級生ですが、この人が、わたしが鷹揚《おうよう》というか、大ざっぱなことを利用して、貸した金を返してくれないんですよ。彼はわたしが忘れたと思っているんだけど、不思議なもので、お金のことって覚えているものなんですね。要するにそいつはズルをやった。

お金をコントロールする、これはかなり重要。わたしはお金をコントロールしないとダメだと思う。お金をコントロールする唯一の方法は本当に最後の一円まで公明正大にあつかうことですね。

ちょっとでも自分の方が余分にもらおうと思うとダメ。完全にお金をコントロールしなければならない、ということを人にいうようになりました。

そういうお金の使い方をしてきて、あるとき、みんなにお前はなんでこんなに友だちが多いんだ、といわれるようになった。わたしはそんなに友だちの数をふやそうという気持ちはないんだけど、そういうふうに考えるようになってから、本当にバーッと友だちのつながりが勝手にひろがっていった。それはみんなそういう人、お金にきれいな人、きれいな人からきれいな人にひろがって、いろいろな人と仲良くなっていけたと思うんです。

わたしは面倒くさがり屋なので、だんだん付き合いが狭くなってきましたけれども、そういう人たちは、いまでもナイスフィーリングで、会ったら楽しくしゃべれる。ぼくはそういう友だちはたくさんいるんです。そういう人たちの共通点はみんな、お金にキレイなこと。そのことは社員にも話したことがあるんですよ。お金のことをキチンとしないと、人間的に大きくなっていけないぞ、と。お金に支配されるな、と。会社のみんなにそういっています。

会社経営をしていて思うことは、創業の経営者というのをわたしは、船の船長ではなくて船そのものであると思っているということです。それで、こっちに行け、あっちに行けって指示するわけですけれど、わたし自身は自分をＨＡＢＡという船そのものだと思っている。本当にそう思っている。水が冷たいか、なにかが流れてきてぶつかるとか、水が温かくなってきたけどその辺はどうだとか、全部そういうふうに感じているわけです。

それは船長ではなくて、自分が船そのものだからです。創業者というのはそういうものなのかもしれない。

船そのものから二代目、三代目になるときには船長にバトンタッチすることになる。

そう考えているうちに人生もやっぱり船なのではないかと気がついた。

まあ、最初は水に浮かばない船かもしれないけど、なんとかかんとかやっていて、最初はそのへんでね、船に見える。浅いところでやっていて、やっているうちに進水して、沖合に出て行くということで……。

わたしというのは、子どものころ、海賊になりたいなどと考えていたような子どもだったこともあって、船そのモノだな、と。

逆に、企業をなにに喩えるかというと、人間そのものだと思うんです。

HABAという会社はわたしそのものだ、と。

創業者であるから、企業そのものだということなのかもしれないけれど、やっぱり社風だとか、考え方とか、そのままにあるわけです。クールだとか、感情的だとか、そのままわたしそのものなんですね。

企業は人間そのものだと思います。

第六章　経営の歴史　その一

ハーバー研究所のビジネスがどういうペースで大きくなっていって、どういうことがあったときに全体のお金の動きがどうなったかについては資料があるのです。

わたしは細かな記録はつけていなくて、毎日、その日暮らしのように仕事に打ち込んでいたので、相当の大事なことしか覚えていないんですが、当時のスケジュールノートだけは全部保管していて、そこに毎月の売上げの変動だけはこまめに記録していたのです。

その数字を元にして、ハーバーという企業の経営・経理的な歴史をお話ししようと思います。

創業が一九八三年の五月だという話はもうしましたが、正確を期すると創立は五月十七日のことです。この年の営業成績は以下のようなものでした。

一九八三年五月、六月、七月	3700万円
八月	1000万円
九月	1100万円
十月	3200万円
十一月	2200万円
十二月	2200万円

一九八四年一月	２０００万円
二月	１８００万円
三月	２５００万円
年度合計	１億９７００万円

会社を立ち上げて、いきなりいろいろと苦労しました。最初に助けてくれたのは食材宅配サービスのタイヘイという会社なのですが、この会社に品物を卸すことができて、なんとか首がつながっていたんです。十月にいきなり売上げが三倍になるのですが、このへんからチラシの効果が現れて、売上げが倍増していったのです。

初年度の経常利益は４１２万円あったのです。ところが、高円寺にある小売店が７４０万円の不渡りを出したんです。それでこの年の収支は赤字になっちゃったんです。それがなければ、ちゃんと初年度から黒字になったのです。

それで、数字を見てもらうとわかりますが、この年度の秋口からスクワランを商品に仕立てて、チラシ配りを始めました。

これは第四章でもふれましたが、最初は下落合、そのあと三鷹、世田谷、たまプラーザと順番にチラシでお客さんを集めていきました。それで年が明けるころには、代理店をやらせてくれという人たちが次々に現れて、十月には九州で、そのあと関東地方を対象に販売会社を設立する準備するんです。それで、全国展開する準備が徐々に整っていきました。

創業二年目はこういう成績でした。

一九八四年四月	2200万円
五月	3493万2000円
六月	2860万7000円
七月	3733万5000円
八月	2585万円
九月	2268万1000円
十月	3310万3000円
十一月	2844万1000円
十二月	3993万6000円
一九八四年一月	3347万円

二月　　　　　　３３０１万１０００円
三月　　　　　　５１０２万３０００円
年度合計　　　３億９０３８万９０００円

この年は売上げのうちのいくらが経常利益なのかという記録が残念ながらありません。

ここからは販売会社を北海道、鎌倉、中部地方、京都、金沢、四国、千葉県興津など、地元の人と話がまとまって順番に設立していきました。

このころまだ、わたしたちは勉強会をつづけていて、対面販売では相変わらず苦労しつづけていたんですが、通信販売の代理店の全国展開が徐々に進んでいきました。売上げは増減をくり返しながら、そのせいで徐々に金額が大きくなっていったのです。やっと商売が軌道に乗り始めた。

この年度末には売上額が一年前の倍以上に伸張しています。この年度の後半に、いろいろと勉強してスクワランだけでなく、同時に使用する化粧水の必要性を痛感して、新商品（Ｇローション）の開発に着手しました。

つづいて一九八五年です。

一九八五年四月	2684万5000円
五月	3470万4000円
六月	4139万9000円
七月	3319万4000円
八月	2688万8000円
九月	3368万6000円
十月	4003万3000円
十一月	5259万1000円
十二月	6224万2000円
一九八六年一月	4296万3000円
二月	4447万1000円
三月	5565万8000円
年度合計	4億9467万4000円

このころから日本は好景気が過熱して、いわゆる〝バブルの時代〟に突入していきます。

バブルとはなんなのか。手元にインターネットで見つけてもらったのですが、野村証券の証券用語解説集に「バブル経済」の項目があり、そこにはこんなことが書かれています。

バブル景気の発端は、１９８５年のプラザ合意にはじまったとされている。

当時過度なドル高の対策に頭を痛めていた米国の呼びかけで、ニューヨークのプラザホテルに先進国５カ国の大蔵大臣（米国は財務大臣）と中央銀行総裁が集まり会議が開催された。この会議では、ドル安に向けた各国の協調行動への合意が発表された。基軸通貨であるドルに対して、参加各国の通貨を一律10％～12％の幅で切り下げることを行う為に、外国為替市場で協調介入を行うというものであった。

最大の目的は、ドル安によって米国の輸出競争力を高め、貿易赤字を減らすことにあった。

これがプラザ合意である。この合意を受け、急速な円高が進行した。プラザ合意前日の東京市場では1ドル＝２４２円であったが、１９８５年末には、1ドル＝２００円を切るまでの円高が進み、さらに、１９８８年の年初には、1ドル＝１２８円をつけるまで進行した。

調べてわかったのですが、プラザホテルでの会議が八十五年の九月二十二日のことで、年末までの三カ月余の間にドルが42円も下がったのです。そのあと、八十七年末には１２８円とありますから、そのあと、二年の間に半値近くまで円高が進行したことになります。

為替相場の上下動というのは株式相場のような即効的なリアリティがないかわりに真綿でじわっと締めつけられるようなプレッシャーがあるんです。いい方に向かえばじわっと効いてくる薬みたいなものです。だけど、薬も飲みようによっては毒薬になるということです。問題はここからなんです。

日銀は円高で競争力の落ちた日本国内の輸出産業や、製造業を救済する為に、円高対策として、１９８７年２月までに5回、公定歩合を引き下げた。最終的に当時としては、戦後最低の２・５％となった。金融市場では、急激な円高により、米国債権などに投資していた資金に為替差損が発生した。その結果、運用資金は為替リスクのない、国内市場に向けられた。そこでみんな株を買った。株式市場で株価が上昇し、不動産市場では地価が上昇した。さらに、資産の増大が個人・企業の含み益を増大させ、担保価値や資産価値が増大することで金融機関による融資も膨らみ、バブル景気が起こった。

これがバブル経済です。このときは前述のように、これが「バブル」などという自覚は、途中まで誰も持っていませんでした。これらの動きを背景に、多くの企業が業績を右肩上がりの急カーブで上昇させ、利益を増やし、新規事業を起こすことを考え、ドル安を計算に入れた海外投資を考えた。これだけ円が強くなったのであれば、ドンドン海外に進出して行くべきだと多くの人々が考えた。じつはわたしたちもそういう人間のひとりだったんです。この時期、わたしたちの他に、ちょっと調べただけでも、

・ブリヂストンがファイアストン・タイヤ・アンド・ラバーを二十六億ドルで買収。
・西武セゾングループがインターコンチネンタル・ホテルチェーンを二十一・五億ドルで買収。
・ソニーがCBSレコードを二十億ドルで買収。
・青木建設がウェスティン・ホテルズを十三・五億ドルで買収。
・パロマ工業がリーム・マニファクチャリングを十億ドルで買収。
・東京銀行がユニオン銀行を七・五億ドルで買収。

というような動きがありました。これらは、当時のことを記録した資料から海外投資を金額の多

い順に並べたモノで、このほかにも、資生堂、サントリー、国際自動車、ジャスコ、大日本製紙などが外国企業のM＆Aを行っています。もう三十年以上昔のことで、その結果、それぞれの企業がどういうことになったかを書くと、この、羅列した六例のなかで上手くいったのはブリヂストンとパロマ工業で、ともに世界企業に脱皮しています。

ソニーはもともと世界企業でしたが、傘下に収めたCBSレコードはいまはソニー・ミュージックエンタテインメントと名乗って、企業として存続しています。

一方で、西武セゾングループはすでにそういう名前では存在しないし、東京銀行も三菱銀行と合併し、その後、UFJとも合流して、いまは三菱UFJ銀行になっています。そして、青木建設は倒産。ブリヂストンの場合は、日本の社長がアメリカに乗り込んで陣頭で指揮を執り、さんざん苦労しながら企業合併を成功裡に導いたと記録にあります。

ハーバー研究所の海外進出は、M＆Aではなく、工場を設置しての海外進出だったのです。後からふり返れば荒唐無稽な夢だったのかも知れませんが、その時点では、事業拡大の設備投資のつもりでそれなりの展望をもってしたことだったんです。

この話は失敗談なのですが、その後、自分で大きな借金を背負い込んで、それで苦労することになるので、どうしても話しておきたいのです。

まず、ハーバーを作って、五十歳が間近になった時に、まだ体力が残っているうちに、海外にいかないといけないと思ったんです。五十歳は人生の節目だなという想いが強烈にあったんですよ。五十過ぎたら、昔、自分が夢見たことなんかどうでも良くなっちゃって行こうと思っても行く情熱なんかなくなっちゃうと思ったんですよ。五十歳が人生の到達点なのか、それとも折り返し地点なのか、自分でもわからないんだけど、これをひとつのポイントにして海外に進出してみようと思ったんです。

その前は、人生って三十六歳が節目だと思っていました。なぜそう思ったか、自分ではわからないのですよ。十八歳で北海道から上京して十八年で、三十六歳が人生の転機、と考えていたのかもしれません。自分でもあのときの自分の気持ちがわからないんだけれど、ずーっと早く三十六歳になって、それまでに男としてちゃんとしていたい、なんとか形になっていたい、と。

実際に三十六歳になった時には、それはスーッと通り過ぎちゃったのだけれど、そのときは、あいま、三十六歳だなということはすごく意識していたのです。それで、その次に意識したのが五十歳という境目で、四十代後半になっていたときに、どうしても海外に進出しなければと思った。そういうなかで、ある人と知り合って、アメリカに行って、ＨＡＢＡのアメリカでの仕事をお願いしてみようと思ったわけです。商売は順調でした。一九八六年度はこういう営業成績でした。

一九八六年四月	6216万円
五月	5290万円
六月	6552万7000円
七月	5923万円
八月	4325万3000円
九月	5889万3000円
十月	6319万円
十一月	8060万5000円
十二月	1億307万9000円
一九八七年一月	6455万9000円
二月	7354万5000円
三月	7760万7000円
年度合計	8億454万8000円

前年度比１６３％増という成績でした。八十三年の創業時の営業成績はおいて、前年（八十四年から八十五年にかけて）の伸張率は１２７％でしたから、めざましい売上げ増といえると思います。細かい数字を見てもらえるとわかりますが、八十六年の年末にがんばって、初めて一カ月分の売上げが一億円を超えました。これは99・９パーセントという高純度のスクワランができたことも一因で、それが数字になってあらわれたんです。

このころから将来の株式公開に向けていろいろと戦略を練り始めました。

つづく翌年度の営業成績ははじめて十億円を超えました。こういうことになりました。

一九八七年四月	９４５８万９０００円
五月	８１００万９０００円
六月	８１２２万１０００円
七月	８６４１万９０００円
八月	７３９４万７０００円
九月	６５５６万円
十月	７９２３万９０００円

十一月	1億2067万1000円
十二月	1億2233万2000円
一九八八年一月	7088万2000円
二月	8220万6000円
三月	1億3906万7000円
年度合計	10億9714万2000円

八十七年の六月に北海道の工場が完成して、自社製品を自分の工場で生産することができるようになりました。場所は北海道の苫小牧で、船便も航空便も便利な場所で、水もきれいなところだったんです。

売上げの変遷を調べると、初めて月ごとの販売成績が一億円を超えたのは八十六年の十二月でした。この年度で一億円を超えたのはひと月だけだったんですが、翌年は右記のように三カ月、この先のことですが、八十九年度には九回、一億円超えを記録しました。商売がJカーブを描いて急伸長していたことがわかります。

この時期にうれしかったことで、はっきり覚えているのは皇族のある方やY・Sさんという有名な女優さんがＨＡＢＡの化粧品を愛用されていることがわかったことでした。その女優さんの場合は、ご自身で買いにきてくれたんです。

それから八十七年の七月には、二年前にアメリカ旅行したときに知り合った人の案内で、アメリカ進出のためのビジネス視察旅行に出かけました。

子供っぽいといわれるかもしれませんが、わたしはまだ少年時代に自分で描いた、それなりの人生の青写真を社会に出たあともずっと持ちつづけていたんです。それが、ビジネス用語でいえば海外進出、――子どものころに思った「海賊になりたい」という無邪気な夢の実現だったんです。

わたしたちの作るスクワランは国内市場で他社の製品を圧倒する勢いで売上げを伸ばしていました。この調子でいけば、アメリカ市場も制覇できるだろう、オーストラリアでも自分なりのビジネスをして、……わたしは自分の夢が叶うと思って、計画に夢中になっていきました。

アメリカ進出を考えて、そのことの相談相手になってもらった人が、最適の人だったかどうかは、いまでもわからないけれど、これも大学時代の友だちだった男で、じゃあ、オレが知っている人たちを紹介するよ、といってくれた。最終的にその人が、アメリカＨＡＢＡの社長になった。本来だったら、アメリカにスクワランを持っていって売れば、商品として販売するわけですから、お金は現金でスラスラと入ってきて、そんなに大きな負担もないし、上手くいかなくて撤収してもあんまり問題はない、という認識だったのです。

つづく一九八八年の営業成績ですが、各月の売上げは省略します。

年間の総売上げは13億1649万7000円。前年比率120%、社業は順調に拡大していきました。この年の十二月には、月の売上げが1億6868万8000円と、それまでの最高を記録しました。また、そういう動きとは別に、この年は外国のいろいろなところに旅行しました。中国とかグアム、ロタ、ハワイ、それからアメリカ本土、オーストラリアと回りました。

どこにどういうビジネスチャンスがあるか、それを見極めたかったんです。六月にシアトル、カンザス、オーランド、タンパ、キーウェスト、ニューヨークと回りました。それから七月にオーストラリアのケアンズに行きました。ケアンズの北にポートダグラスというリゾート地があるんですが、ここがいいところで感動しました。また、前後して、アメリカ本土ではオレゴンを訪ねたんです。

オレゴンというのは、北米大陸の西海岸、地図でいうと、カリフォルニアの北、シアトルのあるワシントン州の南に位置する州です。テキサスとか、内陸の中西部の州などは気質も保守的なところが多いんですが、オレゴンはカリフォルニアなどと並んでリベラルな気風の民主的なところで、風光明媚な観光地も多い場所だったんです。

緯度も北緯四十二、三度と北海道とほぼおなじところに位置していて、そのこともこの場所が気に入った原因のひとつかもしれません。オレゴンの自然は北海道と同じような規模の大きさを持ったところだったんです。それにキレイな虹が出るんです。北海道では同時にふたついっしょに虹が出ることがあるんですけれど、オレゴンでは当然のように三つ、いっぺんに出た。北海道がもうひとつ、スケールがひろがった感じがした。日本人もけっこう、ここで生活していた。それで、ボクはここに会社として土地を買い、工場を建てて、商売をしてみようと思った。会社のいい財産になるだろうと思いました。

オーストラリアのポートダグラスというのは、オーストラリアでは屈指の有名リゾートだったのですが、ここでレストランを経営してみようと思ったんです。

会社の資産を増やしたいと思ったのはそれまで、会社に資産がなくて、銀行との付き合いで、ものすごく苦労していたからなんです。

子どものときからお金で苦労してきて、上京してからも食うや食わずできていたでしょう。とくに銀行との付き合いで、ひどい目に会って来たんです。ボクは銀行と付き合うのがものすごく下手なんだと思う。ボクは長いあいだ、もう潰れちゃいましたけど、ある信用金庫と取引していたんですよ。そこは基本的に貯金をメチャクチャに欲しがるところだったんです。何人か積み立てをちょっとしてくれないかといわれて、月二万でいい、三万でいいという話で。それで、借りるときは利子が高いんですよ。ときには10パーセント以上の金利を払ったりしていた。それで、しょっちゅう積み立てを頼まれるんです。あるとき、計算してみたら、付き合いで預金している金額のほうが、借りているお金より多いんじゃないかということさえあった。ボクはどうも銀行とはうまく交渉ができない。

お金ではずっと苦労してきたんですが、商売の中心が通信販売になっていったでしょ、ＨＡＢＡになってからですけど。

飲食店をやっていたころからなんですが、高円寺にある信用金庫と付き合っていたんですよ。高円寺の支店長というのが、おかしいんだけど、なにかの拍子に、通販のことを「あれは目に見えるキャッシュフローじゃない。通販のような、目に見えないシステムは絶対に信用できない」と。長い付き合いのなかで、支店長は何人か替わっていたんですけれど、そのなかの一人が、あるとき、ぼそっとそういうことをいったことがあったんですよ。これはボクのことを全然信用していないな、と思った。そういうなかで、会社を立ち上げて運営してきていた。いつもいわれていたのは、担保がないということだったんです。そして、担保がないから預金を積み立ててくれ、という話になっていくんです。

いまの時代は銀行はお金が余っているような状態で、そんな預金なんていらないよっていう状況だけど、われわれがＨＡＢＡの商売をはじめたころというのは、銀行はとにかく、預金を集めるのに必死になっていた。お金を借りるたびに、代わりに積み立てをしてくれといわれた。それは担保がないからで、担保至上主義の時代に会社経営をしていたのです。

だから、オレゴンに土地を買って工場を建てるときも、会社の財産になるし、場合によっては、銀行を相手にするときの担保物件にもなると思ったのです。

五十歳でハーバー研究所の社長としてアメリカにいって。そのときに、こんなに雄大でいい自然があるところで、しかもオレゴンはこれからすごく発展するところだと、日本からも既に何社か行っていて。こういうのを覚えていますよ。日本の食品会社がオレゴンに行って、そこでウニを取り始めたんですよ。そしたら、驚くべきことにこんな（両方の手のひらを合わせる仕草をして）大きなウニが、大型のウニが黒光りしているんですよ。それが箱詰めになっていて、もう、三、四個たべたらほかになにも食べられないくらい、おなかいっぱいです。

いま、そのへんで売っているウニだったら、七、八個たべられますけど、オレゴンではウニなんてそれまで誰もとらなかったから大きくなりすぎて、すさまじいウニが採れた。アメリカっていろんなことが起こるな、と感心しましたよ。しかも、北米大陸では距離的にいっても日本に一番近い。

そんなことで、感激していたこともあって、ボクはそこに工場を建てちゃったんですよ。工場で作ったのはスクワランオイルぐらいで、それ以上のことはしなかったんだけれど、すごく大きな投資をしたんですよ。

アメリカの様子を見聞きしてじっくり研究したつもりだったんです。それで、よし、これでやるぞと決心した。

それからもうひとつ、オーストラリア。これはある機会があって、オーストラリアにいったんです。日本から南下してちょうど真下なんですけど。そこに行ってみて、ここだったら日本はいい仕事ができるにちがいないと思った。いまは日本のことをそんなにちいさな国だとは思っていないんだけれど、そのときは日本なんてホントにちっちゃな国だと思っていた。

日本ともっと大きな国が組むということはそれこそ相乗効果があって、おたがいに発展していけるんじゃないかと思っていた。ボクは将来はブラジルも商売相手になるな、と思っていたこともあるんですよ。その流れのなかで、わりあい近いところに、オーストラリアという巨大な大陸があると思った。

オーストラリアと組んだら、なんか面白いことができるんじゃないかと、見に行ったわけです。それでケアンズというところにいって。みんなそこから先、南のゴールドコーストとかキャンディとか行くんです。ところが、ケアンズから北に、熱帯になるから暑くなるんだけど、一時間ほど行くと、ポートダグラスという港町があるんです。もともとは漁港ですよ。

その港町が丸ごとリゾートとして開発されて、有名な高級ホテルなのですが、シェラトン・ホテルというのを誘致して、それと、ミラージュ、こっちはフランス資本なんですけど、ミラージュというのは蜃気楼という意味で、シェラトングランド・ミラージュリゾートというホテルがあるんですが、これが既にゴルフ場を作っていて、なおかつヨットハーバーを作って。ポートダグラスを大改造していたんです。ほかにも大きなホテルがいくつもあって、オーストラリア人が一生に一度、行きたい場所といわれていたんです。

そこでボクがなにをしたかというと、ゴルフ場に面したところにリゾートのコンドミニアムがあったのです。すぐその近くのゴルフ場に面したところにあったレストランを買った。

これは自分でもお金を出して、会社もお金を出して買ったんです。そのさなかに日本で有数のダイビングの関係者と知り合って、ダイビングショップを買って、ダイブボートを買って、ダイビングを楽しめるようにしたのです。それから、その近くにバックパッカーの人たちの宿泊所というのがあったんですけど、それとキャンパーの人たちが、キャンピング・カーを駐めて、テントを張って宿泊することのできるところが一緒になっている、何万坪という巨大な土地があったのですが、そこも買って、その一角に日本レストランを建てた。オーストラリアの日本レストランは、みんな建物の中の一部を借りてのれんを出しているくらいなのに、わたしは石を運んできて、敷地を二、三メートル高くして、日本式の池を作ったんです。「在《ざい》」という名前の店だったんですけど。オーストラリアではそんなことをやって、店はけっこう有名になって、F1の、事故で死んじゃったアイルトン・セナとか、イラストレーターのケン・ドーン（雑誌『HANAKO』の表紙を描いた人）もうちのレストランに来てくれました。

アメリカ進出とオーストラリア進出はほぼ同じ時期のことです。一九八九年六月にアメリカ、オレゴンの工場がオープン、八月にはオーストラリアのポートダグラスのレストランを改装オープンしました。

また、九十年には北海道の苫小牧にあった工場ですが、白鳥湖のそばの狭い敷地から、交通の便のいい広大な敷地を持つ工業団地への工場移転が行われました。新しくできた工場は薬品会社の衛生管理システテを参考にして作った、当時の化粧品生産の工場としては画期的なもので、この工場が完成したことで生産ラインも大幅に拡充しました。

国内のことですが、このころになると毎月の売上げが日常的に一億円を超えるようになって、国内の商売は順風満帆の状態だったので、恐いもの知らずみたいな気分でいたんです。

でも、この時期、日本経済のバブルの崩壊がハーバーにも次第にその影響の黒い影を落としはじめることになります。

一九八九年以降の会社の営業成績はこういうことになっています。

一九八九年度	13億9755万7000円	前年比	106%
一九九〇年度	16億4273万5000円	前年比	118%
一九九一年度	18億5655万6000円	前年比	113%
一九九二年度	19億4458万1000円	前年比	105%
一九九三年度	18億3882万5000円	前年比	96%
一九九四年度	19億1729万7000円	前年比	104%

年商は時代の呼称が昭和から平成に変わったあとも、ある時期までは着実に年々増加して、企業としても成長していったのです。しかし、数字を見てもわかりますが、バブルのはじける九十二年から九十三年にかけて売上げは前年比でマイナスを記録してしまいます。

すでに書いたようにこの時期、オーストラリアとアメリカに二つの進出拠点を持って、その二つと日本を三角形で移動してめまぐるしく仕事をしました。そのときは緊張していたのか、充実していると思っていたんですが、あとから考えるとものすごい疲れる生活でした。。当然、飛行機で移動するのですが、だんだんとそういう仕事のし方が負担になっていった。そのころ、アメリカで知り合った日本人の会社社長と仲良くなり、その人から、疲れの根本は時差だということ、時差は慣れることがないということをいわれた。時差は英語ではタイムラグといいます。その人の話では時差によって生じる疲労は年齢とともにひどくなっていくというのです。この疲労を解消するには太陽光を浴びなきゃいけない、とアドバイスされました。

ソニーの盛田昭夫さんも同じような生活をしていて、、飛行機で帰ってきて、朝、日本に着くと、朝からテニスで汗をかいて時差ボケを解消していた、ということをお聞きしました。これが商売が黒字であれば、疲れもまた格別だったかもしれないのですが、なかなかそういう具合にはいかなかった。アメリカでもオーストラリアでも、ボクのビジネスは慢性的な赤字に苦しむようになっていったのです。

あとから考えると、国内の景気後退ということもありますが、このふたつの外国での計画がボクたちの株式公開の予定を大幅に狂わせることになっていきます。

第七章　経営の歴史　その二

前章で、九〇年代に入ってからのハーバーの営業成績を載せました。一九九二年度には毎月の売上げが一億円を超えるようになって、絶好調だったのですが、そのあと、話が二重になりますが、九十二年から九十三年にかけての成績の落ち込み、つづいて九十四年、九十五年以降の販売成績の実数はこうなっています。

一九九一年度	18億5655万6000円	前年比　113%
一九九二年度	19億4458万1000円	前年比　105%
一九九三年度	18億3882万5000円	前年比　96%
一九九四年度	19億1729万7000円	前年比　104%
一九九五年度	26億3074万5000円	前年比　137%
一九九六年度	30億8338万6000円	前年比　117%

ここまで会社は順調に業績を伸ばしてきたのですが、九十三年度には初めて前年比マイナスを経験しました。

これは九二年度の売上げの伸び率が前年比104%と、あまり大きくなかったのを受けて、全部の商品のパッケージデザインを変更して、価格も大幅に値下げしたんです。それと、この年の三月、初めてナチュラル・リップを発売しました。そして翌年、薬用ハンドトリートメントを発売しました。これはハーバーの初めての医薬部外品製造許可をもらって作った商品でした。

はっきり覚えていないんですが、商品の価格を何割か値下げしていると思います。そのことが前年比マイナスになった一番大きな理由ですが、もうひとつ、この落ち込みの背景には、全国網羅した各地の代理店に販売を委託する販売システムがダメになっていった経緯があったと記憶しています。

代理店の問題も別章で説明しましたが、長い時間をかけて、既存の代理店を自分たちで買い取って、直販の体制を再構築していくことになります。この周辺のことは、すでに114ページあたりで説明しましたが、人まかせにしていた販売の小売り部分を自分たちで直接することになって、人間的な交渉でいろいろ苦労はしたんですが、業績は急速に回復していきました。

また、これも九十二年のことですが、知人の紹介で知り合った女優の萬田久子《まんだひさこ》さんにHABAのイメージ・キャラクターになっていただくことになりました。当時、彼女は三十四歳でした。それからもう三十年近くたつのですが、彼女は相変わらず、美しく、お付き合いが変わらずにつづいています。

それで海外進出の話にもどりますが、アメリカとオーストラリアのビジネス、アメリカではオレゴンに工場を作ってスクワランの製造と販売、オーストラリアではリゾート経営とそれぞれに新しい市場作りを目指しました。

アメリカはすぐには黒字にはならないのですが、データ的にはもう少しで上手く黒字になりそうだったんです。

オーストラリアも、そういうことでそれなりの話題になって、レストランには売れっ子の有名人がたくさん来てくれて、ゴルフ場でジャンボ尾崎とかグレッグ・ノーマンが参加したエキジビション・マッチがあったりして、これは将来、すごい発展するなと思って、そこの経営にのめり込んでいったんです。

アメリカのハーバーを任せたのはリチャードという人だったんだけど、元警察官で、これがいい仕事をするんですよ。

うちも日本では苦労していたんだけど、日本だったらチラシ一枚を作るのにもデザインして、毎月、違うのを作るのにいろいろなことして、すごい時間がかかっていたのです。それが、向こうにいったらですね、リチャードが指示すると、パソコンを操作している女性が彼がいう通りにパッパッパッとするんです。もうパソコン次第で、秘書が必要なものを一人でアッという間に作っちゃうんです。それを見ていて、アメリカってすごいな、と思った。

それともう一つ、オレゴンの大学にいって、スクワランというのがどういう理屈のものなのか、パソコンで調べてもらったら、いろいろなデータが見つかって、スクワランの正体がわかったのです。それでますます、オレゴンってすごいところだなと肩入れしていったのです。

いろいろあったのですが、それでもアメリカでのビジネスはうまくいきませんでした。途中からなかなか客の数が増えず、苦戦つづきでした。ボクはそれでも、諦めずに一所懸命にしつこくスクワランを売りこみつづけるんですが、何年も同じ問題で苦労していて、いよいよこのままつづけているわけにいかないという状況に陥ってしまう。

というのは、拓銀（北海道拓殖銀行）が潰れて、バブルが崩壊したあとのことですが、拓銀から何人かうちの会社にも元社員が就職してきたのです。そのときに入った人の一人を銀行との窓口の専務にしたのだけど、その人といろいろと話しているなかで、「社長、これ、このままいったら、銀行取引停止になっちゃうよ」というんですよ。アメリカ、ずっと赤字じゃないですか、と。このままじゃまずいですよ、と。アメリカだけじゃなくオーストラリアも赤字だったんです。

わたしが「それじゃ、ボクがアメリカに乗り込んで、陣頭指揮をとる」といったら、銀行はそれを一番怖がっているんですよ。それで、日本はいま、商品は売れていて利益が出ている、日本を大事にしてほしいからアメリカから手を引いてくれないか、というんです。日本は儲かっている、彼は銀行員だから、彼はいわないんですよ、これはヤバいよ、とは。

彼は「わたしは審査部にいたからわかる」という。ボクはそういわれて、ずっと考えたのです。ずっとといっても二晩くらいなんだけど、そのくらい考えて、撤退しようと決めた。その前に、ずいぶん長い間、赤字が続いていたので、アメリカの社長と相談して、もう一回、マーケティングのデータを入れ直して、セールスの体制を組み直してみたんです。ボクはアメリカの社長というのを信用できると思っていたので、まかせるようにしかしなかったんです。

それがですね、コンピュータ上では、一気に攻めればお客さまが何万人かとれて、要するに基本ベースが黒字になるというのです。それで、勝負を賭けたのです、ドーンと最後の勝負を仕掛けた。だけど、それもうまくいかなかった。

いくらキャンペーンをしてもアメリカの人たちは反応しなかった。どうしてなのか、データが間違っていたのか、その社長がウソをついていたのか、いまもわかりません。とにかくアメリカは徹底的にダメでした。それで、ボクはここから涙を呑んで撤退することにしました。これが一九九七年のことなんですが、撤退は大変でした。

あの時代、アメリカでは日本企業がたくさん失敗した。ボクたちも失敗して帰ろうと思ったのだけれど、なにか知らないけど、簡単に撤退できないのです。というのは、アメリカでビジネスをはじめた最初のころ一時的にでも言ったことが生きているのです。オマエ、あのときはこういったじゃないかといわれる。証人がいる、といわれるのです。こちらがリップサービスのつもりで言ったことが全部、約束したことになっちゃっていた。それで、それに対して彼らは損害賠償を求めてくるのです。自分で裁判を起こして。

アメリカではボクは現地の人たちと人間関係を作っていて、ボク自身は信用されていたんです。撤退作戦はボクと専務のふたりでやったんですが、専務はまあ憎まれ役を買って出てもらって、大変だったのじゃないかと思うのです。ボクは人間関係があったのでうまくいって、最後はぜんぶ叩き売って、撤退した。それでも、三年くらいしてからいきなり、「お宅のスクワランの試供品を使ってみてひどい目に会った」といわれて、裁判を起こされました。

それからもうひとつ、オーストラリアは紹介してくれた不動産屋さんがいたのです。この人はその後も行き来しているいい人だったのだけれど、この男を管理する人間が必要で、向こうでそういう人を紹介してもらったのです。そうしたら、紹介してもらった人が日本人をバカにしたようなやり方をする人物で、建物にかかる費用とか、不必要なモノまで見積もりを作って持ってきたから、まずカットしたんです。それとダイビング・ビジネス。これの商売のパートナーに選んだ人間が、ちょっと人間的に問題のある人で、人の選びに完全に失敗していたんです。というのは、彼は、会社にはいくらでも金があるのだから、いくら持ってきてもいいんだと思っていた。そういうことを公言する男だった。これも後でわかったことなんですけどね。

いま考えると、ボクの、人間をわりあい簡単に信用する、性格が裏目に出てしまった。オーストラリアにもいろいろな人がいるということでしょうが、オーストラリアの人たちのお金に対するこだわりというのですか、驚きの連続でしたね。

最初、ダイビング・ビジネスをすごくやさしい商売だと思った。それで、現地の人間のいう通りにお金をつぎ込んだんだけれど、思った通りにならなかった。それから併設されていた施設なんだけれども、バックパッカーの宿泊所というのは日銭仕事だから、安定的に収入があるわけです。ところが、入ってくるお金を使い放題に使っているのです。ボクが行ったときには一生懸命に働いているのだけど、どうも様子がおかしい。日本レストランの方は最初、ボクはトントンだと思っていたんですよ。だけどやっぱり、現地の人が混じったり、日本から派遣した人にたいした人がいなかったりして、結局、どの部門もホントにしっかりした人を派遣しなかった自分の責任なんですが、どの部門もずっと赤字だった。

売上げはちゃんとあるのですが、そのなかで経費をコントロールして利益を出すということができなかった。そういうふうに赤字がダラダラつづくなかで、アメリカの方も腹をくくって撤退したのですが、オーストラリアの商売もつづけていく情熱がなくなって、「これもう、撤退するわ」っていって撤退したのです。

これはいまでも思いだして、悔しいんですけれども、オーストラリアというのは不動産物件をぜんぶ、オークションで売買するんですよ。マンションもオークションで買うんです。それで、ウチが持っていた物件というのは、そのときのオークションの久々にいい目玉商品だという話だったのです。お客さんもついているし、場所もいいし、そばにいろいろな施設もあって、条件に恵まれているからいい値段がつくだろうという話だったのです。その日、ボクは最初、オマエは家にいて待っていいよ、といわれたけれど、なんとなくなのだけれど、ボクも行くよと言って、勉強になるから行くよという話をして、オークションに立ち会ったのです。それで、オークションは値の小さな物件から始まるのだけれど、うちの物件の番になったら気合が入っているのです、そしたら、みんな、引いちゃって値がつかないのです、全然。大変なことになってしまった。値がつかない。上手に値を上げて、買う気にさせるというふうになっていないのです。

設定価格は決して高くなかったのです。つまり、物件を出す順番を間違えているのです。これはいい物件だから、絶対に買いだというのを、バーンと高い値つけからいったから、誰も乗ってこないのです。むしろ買いたいと思っているヤツが引いちゃうのと同じで、とにかくロクな値がつかなかった。それで、ボクはここでこれをやめるかどうかということを決断しなければならなくなった。これはもう一瞬の判断だったですね。次の物件が控えているのです。ボクはもう撤退すると決めていたので、それでいいと。ついた値で売ります、と。ただ、次の物件からなんとか場がほぐれてきてすごくいい値がついて、売買されたのですけれど、この最初の、大物の物件が安くなると、あとの小さな物件がいい値段で売れても、全体としての売れた値段の合計は半分ぐらいにしかならない。

ということで、相当の損を出してしまったのです。

結局、アメリカ撤退でも相当の損を出して、そのとき、その出てしまった損の部分をまともに会社の経理にそのままかぶせるわけにいかなかった。それをすると、会社が危なくなっちゃうのです。たたき売ったことでできちゃった損があるから。

結局、ボクは、その時に生じた何億円かの損害を自分自身の借金にしたのです。

アメリカではハーバー・アメリカという名前の子会社で、オーストラリアの方も子会社を作って商売したのですが、そういう結果になって、事業の失敗の責任を自分一人で背負い込む形になった。

ところが、そうやっているところに、今度はハーバーの財務、そのときの経理の担当者が何をまちがえたのか、会社で処理できないお金をかなりの金額、作ってしまったのです。じゃ、それもボクが引き受けるよ、という話にして、ボクはそこでまた、自分の負債の金額を増やし、何億という借金を抱え込むことになってしまうのです。その形以外、負債の処理しようがなかった。

それで、ボクはどうしたかというと、大学時代から仲よくしていた板橋の友だちがいるんですが、彼のところにいって、「出資を頼む」と。だけど、彼に一切損はさせられないので、日本のハーバーの、こっちの方は順調に来ていましたからその株券を、お前さん、貸してくれた金額の会社の株券をあげる、と約束した。額面で計算しているから、ホントは株式公開すれば何倍にもなるモノなんです。あんまり細かいところまでは覚えていないんだけど、いずれにしてもそういう成り行きになって、大変なことになってしまったんです。

その借金の内訳というのは、じつは銀行から借りたお金が大半だったのです。だけど、それがモロに海外進出に失敗した損金だったということになったら、銀行はそのつもりでは貸していませんから、損金処理でうちの本体が一気に赤字になったら、これはホントにまずいな、と。まだ、本体で支えているということで貸してくれたお金だから、ボク個人の借入金に振り替えたんです。オーストラリアの方もアメリカの方の経理の処理も日本のハーバー研究所の経理に任せていたので、それはある程度、できますよ。売却損なんていうのは出やすいし。

で、結局、そのときにわたしは、前に書いたように、板橋の友だちに金を借りる、何千万円か、それはちゃんと返す。それで貸してくれて、メリットとして、わたしが経営しているいろいろな会社の株をホントに安い値段で売ってあげる、と。そういう約束をして、まあ、彼も仕事があったのであんまり無理するわけにもいかなくて、、それとこっちもあんまり迷惑をかけるわけにもいかないと思って、五千万円だったと思うんですが、一億円お願いして、五千万円だったかな、貸してもらったんです。

それからもう一人、Tさんという別の友だちがいて、この人は水商売というか、ハーバーを設立する何年か前に知り合った人で、息が合って、この人は梱包業をしていた人だったんですが、おそろしく度胸のある人で、ボクの頼みを聞いて、八千万円、引き受けてくれた。その人にももちろん、株を手当てしてあげたのですけれど、話をしたら、即断即決だった。ありがたかったです。だから、背負った借金をそうして、返済しようとしたのです。

海外事業から撤退したのは一九九六年から九十八年にかけてのことなのですが、この時期の会社の業績はこういうことになっています。

一九九五年度	26億3074万5000円	前年比	137%	
一九九六年度	30億8338万6000円	前年比	117%	
一九九七年度	32億1874万7000円	前年比	104%	経常3億7043万円
一九九八年度	33億4946万3000円	前年比	104%	経常4億6965万円
一九九九年度	32億9315万1000円	前年比	98%	経常1億2938万円
二〇〇〇年度	35億9746万8000円	前年比	109%	
二〇〇一年度	41億1935億2000円	前年比	115%	

海外事業からの撤退による経理上の損失は九十七年度、九十八年度、九十九年に計上しています。そして、この数字の他に、ボク自身の借金として処理した損がいくらかあったわけです。海外での事業展開はじつは銀行の融資で行ったものだったのですが、それの返済もありました。その一部にはゆっくり返すわけにいかない借金というのもあったのです。

このときはかなりのピンチでした。それで、いろいろ考えました。あのころ、ボクは月給三百万円だったんです。年収が三千六百万円。これを給料を上げて、五百万にしました。そうしないと借金返済のための原資が出てこなかったのです。月給五百万円は対外的にはカッコよく見えたかもしれないけれど、ボクの台所事情は借金のやりくりでカツカツで生活していたのです。

そんなことをして損金を処理したので、損金は損金なんですけれども、こういう、いまいったような国内の経理のやりくりでなんとか会社をささえるということになったのです。こうやって、海外進出の失敗をなんとか埋め合わせて、国内での売上げでなんとか会社を支えることができたのです。そんなわけで、わたしは依然として、長いことその借金を持ちつづけたんです。この何年かあとに株式公開ということになるのですが、いちおう、わたしの借金は会社の株の公開には関係ありませんからね。

一九九八年の国内でのハーバーの動きですが、北海道の札幌を初めとして、全国の大都市のデパートに小売店を進出しはじめました。九十九年には、無機顔料だけで、メイクアップ化粧品のフルラインを商品化することに成功しました。

一九九〇年代の十年間はハーバーにとって本当に嵐の中で波にもまれる船のなかで過ごしたような日々でしたが、そのころのボクの精神的な支柱になった人物がいました。それが、中村天風《なかむらてんぷう》さんです。

中村天風さんがどういう人かというと、手元に彼のプロフィールを紹介する資料があります。

中村天風　本名三郎。明治九年七月三十日　旧東京府豊島郡王子村（現北区）生まれ。明治三十五年頃参謀本部諜報員として旧満州に派遣され諜報活動に従事。三十歳の時奔馬性肺結核発病。救いを求めて米、欧を巡るも回復せず日本への帰路、ヨガの聖者カリアッパ氏に奇遇。ヒマラヤのカンチェンジャンガで行修。大正八年突如感ずるところあり、社会的地位、財産を放棄し「統一哲医学会」を創設。政財界の入力者が次々に入会。昭和十五年一月同会を「天風会」と改称。昭和三十七年四月公益法人に改組。昭和四十三年十二月一日帰霊享年九十二歳。（1）

これだけではどんな人物なのか、ほとんどわからないと思いますが、わたしはこの人の考え方に大きな影響を受けています。

天風さんについては、昔、自分で書いた原稿があるので、これも別途に章を立てておきます。出自や履歴の詳しいことはそちらをお読みください。

「心はいつも積極的に生きるということを考えなければいけない」という天風さんの思想は自分の人生というか、企業活動に対しての考え方の土台というか、人生の基本的な生き方になっているのです。

ボクはこれまでいろいろな目に遭っているのですが、最終的に幸運だったと思うのです。天風さんの思想の骨子は別段でも説明していますが、大きな失敗もしていながら、ハーバーをなんとかここまで育てることができたのは天風さんに教えられた人間としての生き方が大きく影響していると思います。

二〇〇一年には、厳格な衛生管理システムのなかで化粧品作りをしていた北海道の苫小牧の工場が緑化優良工場に認定されました。これは工場緑化の積極的な推進と工場内外の環境向上の功績が認められて経済産業省から認定されたものです。この年、このほかにも工場は（財）日本緑化センター会長賞も受賞しました。防腐剤、パラベンを使わないハーバーの化粧品作りは厳重な素材管理や正確な生産工程を必要としていて、いきおい、清潔で優良な製造環境を要求するものです。そんなモノ作りの環境を公式に褒めていただいた出来事でした。

それで、話は同じ二〇〇一年度からのことですが、この年からいくつかあった子会社を含める形で連結決算を実施することにしました。当然ですが、これは近い将来の株式公開を見すえてのことでした。連結の枝葉というのは、別会社として仕立てている生産部門の北海道の工場とか、それから全国の販売店（代理店を買収吸収したもの）などを含めたモノです。

これによって、グループ全体の経営状態が一度に数字で把握できるようになりました。

株式の公開は二〇〇三年に行ったのですが、この周辺の決算の数字は、こういうことになっています。

二〇〇一年度　73億3703000円
経常5億0209万1000円　純利3億4255万円

二〇〇二年度　81億1557万3000円
経常8億5152万3000円　純利3億5042万7000円

二〇〇三年度　98億4173万3000円
経常11億7193万1000円　純利5億8133万5000円

二〇〇四年度　100億8188万9000円
経常11億6573万8000円　純利6億2286万1000円

冒頭の数字が年商、経常は経常利益、純利というのは純利益です。

それこそいろいろありながら、ハーバー研究所がジャスダック（現・東証スタンダード）に株式上場できたのは、創立二十周年、二〇〇三年六月のことでした。

株式公開は、ほとんどの起業家がそれを目指す、実業の夢の第一関門です。株式公開を簡単にいうと、自分たちの会社の価値が金銭的に確定するということなんです。持っている株を自由に換金でき、また、増資などによって、銀行の融資に頼らない資金調達も可能になる。つまり、経営的にかなり自由になれる、そのかわり、株主たちに対する責任も生じてきます。

ボクにとっても、株式の公開は、海外への進出とともに大きな夢の一つでした。

前述したように海外でのビジネス展開は、うまくいかなかった。

そして、これ以降、ボクは海外進出の失敗でできてしまった借金を個人的にも背負いつづけたわけです。それが株式の公開によってドラマチックに消滅するんです。その事情はこういうことでした。株式公開のとき、全体の株のこのくらいを売りに出そうと相談して決めたんです。売り出し値は千三百円だったと思います。そのときの心配というのは、値が飛びすぎたらどうしようということでした。会社としてはこのくらいの株数、大株主であるわたしはこのくらいの株数を売りに出す。わたしのほかにも何人か、このくらいと、持っている株を売る人がいるわけです。初めからの話では、予定通りに売り出しが出来たとしてもわたしの何億円かの借金はそのまま残るはずだったんです。

そしてこのとき、相場が熱くなりすぎたら値を冷やさなきゃいけないと考えて、ある程度、まとまった数の株を用意していたんです。それはもし瞬間的に上がったら、値を抑えるために売りに出しちゃう分なんですよ。それを用意していたんです。そしたら、指し値がどんどん上がっていって五千円になっちゃった。そこで、わたしは自分が用意していた自分の株を売りに出した。そこで信じられないことが起こった。株がこちらの言い値の五千円で売れて、お金がどっと入ってきた。

わたしは生まれて初めて、借金ゼロの身分になったのです。

じつはハーバー研究所の株式公開にはもうひとつのストーリーがありました。

株式公開の予定が迫ってきたスケジュールのなかで、計画通りに行きそうだということになったところで、ある雑誌にわたしの経営を中傷誹謗する記事が掲載されたのです。記事の内容は、わたしが総会屋と付き合いがあるとか、右翼と日常的に付き合っているというような話をかなり細かく書き込んでいたのです。それが公開の二週間前のことでした。

これはひとに恨みを買っていたからなんです。というのは、株式公開のだいぶ前の話なんですが、わたしのところに昔の高校時代の同級生で、わたしの会社にチョコチョコ出入りするのがいて、きちんと仕事してくれるのだったらと思って、ちょうどそのとき、空いている役職があったので、その人をその椅子に座らせたのです。ところが、その人は社内のみんなに評判悪いし、本人の勤務態度もあまりよくないので、アンタ、もうダメだよ、と。まあそれほど重要な役職でもないし、常勤とか非常勤ということもこっちで決められる。それで、わたしはこの人は常勤は無理だと思って、残りの期間は非常勤でつとめてくれないか、と。そのかわり、お前さんの生活やなんかは、大金じゃないけど、このあと、任期のあいだは面倒を見るから、という話をしたのです。

ところが、彼は心が曲がった男でした。本人も、それまでどうかと思うようなことをしょっちゅういっていたのだけれど、わたしたちはそれを冗談だと思っていたのです。いま考えると、もともと人をそしるような性質があったのでしょうね。彼は大学でも二つの大学をかけ持ちしようとして、バレて、罰せられたことがあるのです。わたしはその話を、心ならずものことだったのだろうと理解していたのですけど、多分、もともとそういうことが平気な人間だったのでしょうね。そういう役職につけたあと、その人がわたしのことをああだこうだといろいろいっているよという話が聞こえてきたのですが、それをわたしはなにか理由があって、そういうことをしているんだろうなと善意で解釈していたんです。わたしは基本的に善人なんです。そのあと、ゴタゴタがいろいろあって、向こうが裁判起こすとかいって、裁判を起こしたのです。裁判なんかやってもしょうがないのだけれど、もめるだけもめたのです。それでわたしは彼を可愛そうだと思って、向こうがいっているとおり、お金をある程度、出してあげたのです。そしたら、「オレはもうやめるよ」っていって辞めた。しかし、それでも彼はわたしたちのことを恨みに思っていたのです。

そういう事情があって、株式公開の二週間前、いきなりある雑誌に、ハーバー研究所に株式公開する資格なんかない、という衝撃的な記事が載ったのです。そこにはボクの周辺の友人関係の話が羅列されていました。そのころは、まだ、そういう人たちが企業の回りにやたらとウロウロしていて、社会害悪の代表と思われていたのです。株式公開にとってはまったくマイナスにしかならない話でした。

右翼や総会屋と付き合っているとか、反社会的勢力と仲良しだとか、いろいろなことが書いてあったのですよ。じつはそれは全然ゼロ、というわけではなかったのです。右翼の先生で、昔、いっしょに食事をした人もいたし、総会屋といわれる人たちとも仲よくしていた。ただし、金銭的なやりとりというのは一銭もなかったんですけれど。それにしても、そういう人たちの奥さんが経営しているお店にも顔出ししたこともあるし、その人の奥さんは苗字は違っていたんですけど、うちの株式を持っていたりしたのです。だから、疑えば疑える、その人はうちの商品を年間に二十万円、三十万円と買ってくれる応援者だった。それを悪いほうにいって、雑誌に売りこんだ。

それでその雑誌がうちの会社の内情というのを彼から聞いて、情報を鵜呑みにしてものすごく悪く書いたのです。そうすると、わたしたちはそれがちがうということを証明しなきゃならない。話が間違っているというのを説明するのは大変なのです。

そんななかで、毎日新聞の記者が取材に来て、話をさせてもらったりしたこともあったのです。わたしはそれで、裁判を起こした。その雑誌は月に二回刊だったんですが、第二弾の記事がもう一回でる、というのです。そのもう一回出るのが、株式公開予定日の前日だった。今度は否定するだけの時間的余裕というのがなかった。

このときは本当に絶体絶命の気分でした。もう一度、同じような記事があの雑誌に載ったら、上場もそこでストップがかかっていたかもしれません。しかし、記事が出た直後に裁判を起こして出版社を訴えたのが効果あったのかもしれませんが、次の号には載らず、続編の記事は一号おいて、翌週、株式公開のだいたいのケリがついたところで掲載されました。しかも、その記事は最初のモノに比べるとだいぶ腰が引けていました。編集部は当事者のたれ込みで一方的な記事作りをしたわけですが、ハーバーについていろいろに調べてみて、最終的にボクばかりを悪者にした原稿を書くわけにはいかない、と判断したのだと思います。

このときもわたしは神がかり的なモノを感じていたんです。ほんとうにギリギリでパスしたんですよ。このときの担当の課長は、もう前日の夜中から、なにかあったら電話ください、と。それまで、眠れないなんていう経験はあまりなくて。その二週間というのは、ほんとうにわたしの人生のなかで一番長い二週間でした。

株式公開を予定していた当日というのは、ハーバー研究所の創立二十周年で、社員全員が浦安の大きなホテルの会場を借り切って、記念パーティーを催しました。秋山ちえ子さんや、あの人が来るとか、大事なゲストも招待して、そういうパーティーをしている真っ最中でした。創立二十周年を祝って、同時に株式公開をお祝いするということになっていたのです。そこで、株の公開がなくなったら、火が消えたようになるじゃないですか。だから、その日までの二週間、特に十日間というのは、わたしにとっては本当に、ザ・ロンゲスト・デイだったですね。そのとき、本当に生まれて初めてですけれども、神様に祈りましたよ。そんなふうにして、株式の上場を終わらせたんです。

このあとの決算の数字を紹介しておきます。

二〇〇五年度　年商　１０７億７７５１万８０００円
経常10億１２４２万２０００円　純利３億７２３９万３０００円

二〇〇六年度　年商１１０億２８６２万４０００円
経常11億３９１１万３０００円　純利6億１０６６万８０００円

二〇〇七年度　年商１１０億４２８４万円

経常6億4383万3000円　純利2億9983万1000円

二〇〇八年度　年商111億8279万8000円

経常8億6040万3000円　純利3億9336万1000円

このあとの経営成績ですが、年商の概数だけ紹介します。二〇〇九年度が113億円、二〇一〇年度118億円、二〇一一年度135億円と前年とあまり変わらず、そのあとも132億円（十二年度）、137億円、131億円と足踏みしているような状態がつづきましたが、二〇一五年度には148億円、十六年161億円、十七年178億円と数字が壁を突き破ったような勢いになって去年の決算の数字は年商が192億円あまりになっています。

最初、細々とした小さな商売をつづけていたハーバーでしたが、一生懸命に知恵をしぼって働きつづけ、連結決算の初年度の年商が七十三億円、そのあと前後はありますが、ここまでいちおう、順調に成長しつづけてきていて、いまは以前よりいっそう幅広い人々に支持されてきた、という実感があります。

ハーバーは毎年の売上げを更新して確実に成長しつづけているようです。

このことの基本は、わたしの考えではスクワランというモノが持っている強い力、美しく健康に生きていたいと考える人々に与える強い力があるのだと思っています。スクワランという素材があったから、無添加主義もありえたと思っています。

じつは、わたしの認識では化粧品はあらためて、その成分が見直される曲がり角に来ていて、本当に週刊誌などでも、添加物の与える身体への害悪を問題視する特集などが組まれています。

先日、『週刊新潮』が「~問題は『界面活性剤』の質と量だ~『化粧品』と『肌ダメージ』の商品リスト」という刺激的なタイトルの特集を掲載しました。(2)

これは界面活性剤の皮膚に対するダメージを医学的に説明して、化粧品会社各社の商品がリストになって名指しで、その身体への悪影響を書き綴っていました。文中には、大手の資生堂や花王、コーセー、カネボウの化粧品、また通販の世界でハーバーのライバル会社であるドクターシーラボやファンケルの製品などもリストに入っていました。

このことにわたしたちは深く考え及びます。

当然のことですが、最初から化粧品に界面活性剤を使うことを拒否したわたしたちの作っている商品はこのリストのなかに入っていません。週刊誌ジャーナリズの問題意識はつねに大衆の生活感覚をある部分で代弁しているものです。大衆は、自分たちの健康という意識に基づいて、ほとんど無意識の状態で現行、従来の化粧品というものに危機感を抱いているのだと思います。

わたしたちが長い間かかって追求してきた問題、それによって作りあげてきた製品の重要さ、そのことに多くの人々がやっと気が付いてくれるようになってきた、いまはそういう時代を迎えようとしているのです。

【註】

（1）「運命を拓く～天風瞑想録～」一九九八年　講談社文庫　中村天風著　333頁

（2）『週刊新潮』二〇一八年九月二十七日号　新潮社　25頁

第八章 付録① 研究所 十周年のメッセージ

この章は創業十年目（一九九三年）に社の創立十周年を記念して、当時発行していた会報誌に、若い頃からの人生の想い出を辿り、スクワランと出会い、それを本気で商品展開するまでの経緯、その後の苦労も含めて、熱を込めて、わかっている限りのスクワランの効用を力を込めて書いたものです。最後に彼が書き残した遺文とはまた別の趣があり、これを全文、章立てして読んでもらえるようにしました。

①ビタミンとの出会い、そして「ＨＡＢＡ」設立へ。

「お前は学生の頃から、食事のときはいつも栄養のバランスについてウンチクを傾けていたもんだよ」

私の古い友人は今でもよく言います。私は、食べ物への関心が人一倍強かったせいか、大学卒業後すぐにある食品会社へ就職しました。そして入社二年目には新設部門の責任者となり、数年にわたる大変な苦労の末、利益を出すまでになりました。

翌年から収益はさらに安定し、ほっとひと息ついた所でタイミングよく勉学のチャンスが訪れました。ジャーナリストとして著名な大森実氏が大宅壮一氏らの協賛を得て「太平洋大学」という船上大学の構想を発表したのです。たちまち、私の知識欲に火がつき、会社に無理を頼み三十日間のアメリカへの船旅に出かけました。またその翌年は、今度は大森氏に請われ学校の事務局長として参加、九百名以上の受講生らと東南アジア七カ国をめぐる船旅を体験しました。

アメリカの雄大な先進国ぶりに驚き、また、当時はあまりにも平和であったカンボジアの姿に感嘆し、人生観が変わるほどの思いでした。

幸運なことに、この二度の洋上大学に評論家の秋山ちえ子さんが講師として参加され知遇を得ることができました。以後今日に至るまで二十五年間、非常に多くのことを教わり続けております。

＊

一九七一年、会社の研修制度を利用し再び60日間のアメリカ視察の旅へ出かけました。バスとホームステイ主体の安旅行ではありましたが、大学寮やキャンプ地のロッジでの宿泊等も体験し、かえって日常生活を肌で感じることができました。都市を一歩でると緑深い公園が至る所にあり、キャンピングカーで余暇を楽しむ生活を見て実に心豊かなものを感じました。また、街はカラフルなファーストフードの店々で活気づき、中でも私の注意をひいたのはビタミン・ショップでした。広い店内には多種多様なビタミン、栄養食品、自然化粧品があふれ、アメリカ人の健康への関心の高さに圧倒されたものです。

＊

数年後、私は脱サラして独立、やがてある会社の健康食品と出会い、強くひかれるものがありました。アメリカで感じたあの新鮮な驚きが脳裏にやきついていた為かも知れません。「よし、これを販売してみよう。」とメーカーの講習を受け徹底的に理論を納得した上で販売を開始したのですが、知れば知るほど理論上の矛盾、欠点に気づいていきました。とくにビタミンがそうでした。

「何とかもう一度アメリカへ行き、日本より十年は先行している健康食品群とその理論を徹底的に解明しよう」私は決意も新たに有金をはたいて通訳を雇い、当時、世界最大の健康食品展を開催していたラスベガスへ向かいました。

＊

ヒルトンホテルが誇る世界最大のコンベンションホールには、ありとあらゆる最新のビタミン類が並び、とくにビタミンCは実に３００〜３０００mgまであり、全てにバイオフラボノイド（ビタミンPの一種）が加えてありました。ビタミンEも１００〜５００mgまであり、アルファ分の多い優れた原料が使われていました。あらゆるビタミンが単体あるいは多様な組み合わせで製品化され、ミネラル類も同様でした。また自然食品や自然化粧品も何と多彩で種類も多かったことか！

私は通訳を介して片っぱしから質問をあびせ、商品の実体と理論の違いを理解し、そしてある結論を得ることができました。

「食事内容が単調で、ジャンクフードの多いアメリカ人にはぴったりであっても、日本人の食生活には特別必要のないものもけっこう多い。とくにビタミン類は、天然の原料も合成原料もあまり差別せずに使っている。アメリカのビタミンは基本的にアメリカ的だ。しかし理論は進んでいる。日本では、日本人の生理に適った日本最高のビタミンを最新理論で自分で開発するしかない」

こうして帰国後、私は資金をかき集め「ハーバー研究所」を設立、パーフェクトなビタミン主体の健康食品の開発と販売を開始しました。「ハーバー」という社名は、「Health Aid Beauty Aid」というアメリカの業界用語を採用しました。

＊

実際に商品化に取り組んでみますと、私が理想とするパーフェクトなビタミンの開発には多くの問題が伴いました。

ビタミンは本来、食事の内容を豊かにする補佐役ですから、簡単に一度で摂取できるものであるべきです。一度に摂ることにより、食事との相乗効果も得られるわけです。しかし、ビタミンの性質上、全種類を一つにする（総合ビタミン他）には無理があります。それぞれの特性をそのまま生かし、素材を変形させることなく製品化するためには、水溶性と脂溶性に分けなければなりません。

総合ビタミン剤は市販されていますが脂溶性ビタミンAやEを、水溶性ビタミンと一緒にするために無理に合成ものを使っており、効果の面であまりおすすめできるものではないと思います。

②理想のビタミンを。そして、化粧品へのチャレンジ

ビタミンの性質上、全種類を一つにする（総合ビタミン他）には無理があります。この結論を得て、私はハーバー独自のビタミンの開発に取り組みました。そして、これらのビタミンは完全に理論に対応している、という確証にもとづき〝パーフェクト・シリーズ〟と名づけたのです。

この開発にあたり苦心したことは、例えば水溶性ビタミンの集合体の場合、Ｂ群をどのような形で入れるかという点です。と言いますのは、それまでの他社製品はビール酵母が主体であったため、クセのある独特の臭いがして敬遠されがちであったからです。

私はベースとして米胚芽を用い、そのほか食生活に不足しがちな成分をバランスよく増強して、摂取しやすい粒状の「Ｃ×Ｂ」（シーバイビー）をつくりました。次いでビタミンＣの量を増大し強力にした顆粒状の「１５００Ｃ×Ｂ」を開発したのです。

また、脂溶性ビタミンについては、効力を高めるポイントとして「Ｅ」に着目。とくに、米国のコダック社（インスタントカメラで有名）が開発した天然のＥはα（アルファ）分を多く含み品質も優れていたため、これを核として採用しました。これに、国産の優れた天然のＥを加え、α（アルファ）、β（ベータ）、γ（ガンマ）、δ（デルタ）等、各種のＥをバランスよく配合した「Ｅ×Ａ」（イー・バイ・エー）を完成。品質保持のためカプセルに入れて商品化いたしました。

＊

ＨＡＢＡ（Health Aid Beauty Aid）の出発点ともいえるこれらのビタミンについて最近、うれしいことがありました。

ある製薬会社の役員の方で、数十年もビタミンの研究をしておられる方から「１５００Ｃ×Ｂ」

に対し、次のような大変なおほめの言葉をいただいたのです。

「ビタミンの理想的な組み合わせは、当然わかっているけれど、実際、B群については何種類もあり個々の原料コストに大幅な差があって、どうしても安いものを多く、高いものを少なく配合してしまうんです。その点ハーバーさんのものには感心しました。これほど理論的にバランスよく配合されたビタミンは初めてです！」

ということでした。

この「１５００Ｃ×Ｂ」について自信を深めたことがもうひとつあります。

国民生活センター発行の『たしかな目』という情報誌のＶＯＬ73（92年8月号）で、市販の各種ビタミン・ドリンク剤の内容比較記事が掲載されておりました。単価１００円から３０００円まで、医薬品、炭酸飲料等を三十数種類も網らした調査結果です。

ところが、ここに掲載されたどの商品と比較しても、一袋わずか80円の「１５００Ｃ×Ｂ」の方が量も内容のバランスも優れていたのです。10年以上経て、ようやくハーバー製品の良さが証明された思いがいたしました。

＊

ところで、ハーバーの化粧品への進出は、実はこのビタミンがきっかけであったのです。

当初、私は肌荒れで悩む女性たちに自信をもってビタミンをおすすめしていました。とくに「1500C×B」は、体内でコラーゲン（皮フ蛋白質）の生成に役立ち、肌のハリをよくし、シミを減らし、また、B群の働きにより吹き出物等の悩みも解消するはずでした。

ところが、体調がよくなり、風邪もひかないようになったと喜んでいただいても、肌の改善は予想通りではなかったのです。そんなはずはないと思案していました。そんな時にたまたま、ある化粧品会社の技術系の社長さんにこんなことを言われました。

「化粧品が悪いんだよ。あんなに厚化粧をしていたら何を飲んでもムダなんだ。私自身化粧品を作ってゴハンを食べさせてもらっていながら、こんなことを言っては申しわけないけれど、日本の女性はだいたいが化粧のしすぎだよ」

この意外な発言を聞いて、私はあらためて化粧に関する実態の徹底追及を開始したのです。そして、化粧品の専門家、専門書に教わり、多くの問題点が少しずつわかってきました。

＊

とくに、おそらく日本で初めて化粧品の実情をルポしたNHKニュースワイド『化粧品、その正体をさぐる』のビデオを見た時のショックは、今もなお記憶に鮮明に残っています。

番組のレポーターは井上好子さん（現在は西舘好子さん）で、皮フ専門医、化粧品業界の方達にインタビューし、次のような驚くべき事実を伝えてくれたのです。
「化粧クリームには合成の界面活性剤（乳化剤）が不可欠で、これは、洗剤と同じ機能をもつため、使用するたびに肌の天然保護膜（皮脂膜）を溶かし、皮フ組織を破壊していることになる」（大阪大学T教授）
「クリームの保護作用は2時間位で、それ以上はハエ取り紙と同じ。ただ汚れを吸いよせるにすぎない」（日本化粧品工業界H氏）
クリームは化粧品の根幹となっています。クリームを薄めれば乳液になり、また顔料を加えればファンデーションになります。その意味で、クリームに関する専門家諸氏の発言はまさにショッキングな内容でした。そして、NHKのこのルポ番組は2時間にわたるものでしたが、その間ただの一度も、クリームは肌に良い、肌に必要という発言はありませんでした。
その時以来、私の化粧品へのチャレンジが始まったのです。

③化粧品の怖さを知る。そして、スクワランに出会う。

化粧品へのチャレンジはまず、皮膚の仕組みを学ぶことから始まりました。

安田利顕博士の「美容のヒフ科学」を手始めに本屋通いが続き、多くの専門書で皮膚の勉強をしました。学べば学ぶほど、人間の皮膚が持っている精緻な機能は驚嘆するばかりです。皮膚は外気温によってゆったり広がったり収縮したり、汗を出し、脂分を分泌します。皮脂膜の水分量も常に変動しています。

人間の各種臓器の中でも皮膚は非常に老化のスピードが速く、肝臓と同じスピード（28日）で代謝されなければなりません。体内に発生する炭酸ガスも、たえず大量に発生しています(皮膚呼吸)。皮膚に異物を塗りつける化粧は、これらの機能の障害になっていることは明らかでした。

「化粧品学」「あぶない化粧品」「裁かれた化粧品」「美容と化粧品」……多くの化粧品の本を読みましたが、化粧品を使うべき理由は全く見つかりません。その中でもとくに、今は亡き橋本田鶴子さんの体験記「それでも化粧したい貴女に」は強烈でした。

化粧品でダメージをうけた女性グループが全員化粧をやめてしまった記録です。

化粧をやめてすぐに全員の顔がカサつき始めガサガサになります。翌日はさらにひどくなり「まるで象の皮膚のよう」になった人もいます。もちろん人前にも出られません。皆で励まし合って頑張ります。……しかし二週間めくらいから好転し始める人が出てきます。……肌の状態はどんどん良くなります。頑固なシミでさえも薄くなり、ついに早い人で三ヶ月、一番遅い人で三年で、全員シミひとつない美しく輝く素肌に生まれ変わったのです。

ちょうどこの頃、知り合いの刑事さんから「監獄にいる女囚は皆すごい素肌美人ばかりだ……化粧をまったくできないところだからね……」という話を聞きました。

化粧をしないことはすごいとわかるにしても、そう簡単なことではないと思います。

カサついてガサガサになって何ヶ月も我慢するなんてことは、ほとんどの女性に拒否されてしまうでしょう。そんな想いでいた頃のことです。当時健康食品の販売でスタートしていたハーバーには、様ざまな商品の売り込みがありましたが、私の学生時代の友人で個人で貿易会社をやっている人から「このオイルはすごいよ。売ってみないか」と持ち込まれたのが『スクワラン』だったのです。

聞けば〝深海鮫のエキス〟だそうで、その時は「ずいぶんとマユツバものだなァ」と思っていました。その頃私は「化粧品の秘密」という本を購入したばかりでした。その著者の郡司篤孝氏は食品添加物の害を訴え続けておられ、その為の著書もある大変よく知られた方でした。その彼が、化粧品も多くの添加物のかたまりであるといい、化粧品の原料の実態をあばき、警告を発するために書いたのがその本だったのです。乳化剤、増粘剤、安定剤、香料、色素……ｅｔｃ、具体的にそれらの怖さと肌への悪影響が書いてありました。そして後半には実際に使われている化粧品の原料４３１種を一つ一つ取りあげ解説しています。

私はさっそく『スクワラン』の項目を探します……あ、ありました！「安全な油性原料である」

とだけ書いてありました。

ウム……と思い、他に良い原料は……と探してみました。ゼロなのです。他のどの原料も何らかのマイナスが懸念されています。発ガン性があるとはっきり書かれた原料も多数です。

あの郡司氏が唯一認めている原料とは!! スゴイ! すぐ本屋にとんで行きました。スクワランの本を探します……ありません。しかし、ようやく決定的な本が見つかったのです。

④「サメ肝油健康法」に導かれ、スクワランの商品化を決意。

前回、私がスクワランに関する決定的な本を見つけたことまでお話ししましたが、その本とは「サメ肝油健康法」(読売新聞社)でした。動物学、とりわけ魚類学の第一人者として著名な阿部宗明(あべ・ときはる)博士の監修によるこの本は、スクワレン(不飽和)、スクワラン(スクワレンを飽和安定したもの)に関する唯一の本格的な解説書といえるでしょう。今では残念ながら絶版となってしまいましたが…。

この本は、世界で最初に深海サメの肝臓からスクワレンを発見した辻本満丸博士に始まり、飽和安定したスクワランの効用に至るまでの全てを網羅してありました。

その主要なポイントを書きます。

①スクワランを最初に利用したのは日本の軍部でした。北満州での極寒期には、通常の潤滑油は凍ってしまい洗車も戦闘機も発進できなくなります。ところがスクワランはマイナス摂氏60度でも凍らずにサラサラして、潤滑油として機能できたからなのです。

②戦後、Mデパートが自社製造した百円のハンドクリームにスクワランを使用しました。このクリームは、当時発売されたばかりの合成洗剤の影響で急増中の〝主婦の手荒れ〟にとって、まさに救いの神であったのです。「皮フ科の先生にすすめられて」と買いに来る女性も現れるほどで、品切れになるほど売れ行きがよかったそうです。

③スクワレンを原料とした結核の特効薬「スクワリン」が鴻上博士により開発されました。やがて間もなく抗生物質が発見され、その必要性は薄れて行きましたが、肝機能の改善や胃潰瘍の治療効果が認められ、健康食品として薬局で取り扱われるようになりました。

＊

この本ではさらに、深海サメの捕獲方法から漁場の分布や、スクワレン原油の抽出及び精製方法に至るまで、広範囲にして詳細な解説がなされていたのです。

すぐに私は自分自身で納得するために幾人もの化粧品関係者のお話を聞いて回りました。

「あのオイルはいいね。皮フのトラブルなど全く起きないからね。」「スクワランはそのままで使うと最高だよ。でもね、俺達技術者にとっては、原料をそのままで売るというのはどうも…ね。やっぱりクリームに入れたりして別の形にしなくては…」

いろいろと調べてみますと、多くの会社がスクワランをピュアなままで売っていることがわかりましたが、その説明書はいずれも判でおしたように同じ理論――つまり「サメ肝油健康法」の中で述べられていた〝スクワレンの五大特性〟そのものであったのです。

その特性とは、次の通りです。

①浸透性に優れている
②賦活作用がある。（細胞や皮フの発育を促し、新陳代謝を助けてもと通りにする）
③殺菌作用がある。
④浄化作用（還元作用）がある。
⑤麻痺作用がある。（痛み、かゆみを抑える）

これらの特性の中でスクワレン（不飽和・健康食品）の場合は④の浄化・還元作用がありますが、スクワラン（飽和・美容オイル）になると、この作用は失われてしまいます。当時、売られていたスクワランの説明書を見る限り、その程度の商品知識であっても体験的に「肌にすばらしくいい」製品ということで売られていたのです。

＊

こうして私は、このスクワラン美容オイルをビタミンに次ぐ第二の商品としてハーバーから販売しようと決意したのです。そして、当時八千円〜三万円で売られていたスクワランを、50ミリリットル（CC）五千八百円に価格を設定しました。また、それと同時に、スクワランの理論的な解明にさらに取り組むことにしました。

スクワランの研究分野では、その発見者である辻本博士にわずかに遅れを取ったイギリスのチャップマン博士が知られていました。残念ながらイギリスには知人はいませんでしたので、アメリカの知人に長い手紙を書いて送りました。

私は好運でした！　長年の友人たちがすぐに精力的に調べてくれた結果《ＣＩＲレポート》なるものを送ってよこし「専門誌に翻訳されて出ているはず」とアドバイスしてくれたのです。

数カ月さがし回った末、私は予想外の専門誌の中から《ＣＩＲレポート》の記事を見つけ出すことができました。アメリカの最高の権威たちの手によるスクワランに関するこのレポートをはやる気持ちで読み始めました。

「スクワランは人間の皮脂の一般的な成分で、スクワレンに次いで大きな炭化水素である。（中略）ヒトはスクワランを体内で飽和することができるので、スクワランはスクワレンと共に生体生成物として認定された」

……！　そうか、スクワランは人間の体が生み出している成分なんだ。しかし、それにしてもCIRレポートとは、いったいどのような…。

⑤「CIRレポート」に確信を得て究極のスクワランに迫る。

CIRレポートのCIRとは「化粧品原料の再評価（Cosmetic Ingredient Review）の意味で、皮フ科学、薬学、化学、毒性学の各分野の科学者の中から、消費者協会、科学者協会、臨床医学者協会、政府機関、そして工業団体により推薦された7名の専門家達が、あらゆる観点から最も公平かつ厳正な方法でその安全性を徹底的に検証し、公表したもので、世界的に高い信頼を得ています。

7名の専門家には、連邦法の下で特殊な任務に就いている国家公務員に要請されているものと同基準の行動や生活が要求されました。あくまでも厳正中立で、いかなる業界の利害にも傾いてはならないのです。

検証される原料の順序は、使用頻度や使用範囲、生理活性の重要性により定められます。

第一次レポートは1980年に報告され、1982年に報告された第2次レポートの最初の項目が「スクワレン・スクワランの最終安全性報告」であったのです。

このレポートには、米国国務省、FDA（米国食品医薬品局）、消費者団体等から多くの賞や賛辞が寄せられ、現在、世界で最も信頼できる報告のひとつといえます。

「スクワレン・スクワランの最終安全性報告」の本文は、数々の実験データや関連の数字で占められていますが、「緒言」や「要約」の項目にその要点が簡潔にまとめられています。ポイントを列挙しますと……。

①スクワレンとスクワランは、人間の脂質成分として認定された。

②急性毒性は、飲んでも肌につけても低く、100％濃度のものをウサギの皮フや眼につけても無刺激であった。

③アレルギーや刺激テストの結果、スクワランはこれらの原因にならないことが明らかとなった。

④スクワランはスクワレンに次いで、皮脂の中で最も一般的な炭化水素となっており、人間はスクワレンを飽和（水素添加）することができるので、スクワランもまた生体成分である。

⑤スクワレンはコレステロールやほかのステロイド化合物の前駆体となっている。

⑥自然界では、サメの肝油に大量に含まれ、少量ながらオリーブオイル、小麦胚芽油、米ヌカ油、

酵母等にも存在する。

★結論として、スクワレンもスクワランも安全な化粧品原料として認定された。

そうか！　私はこのレポートにより完全に納得しました。これで何の不安もなくスクワランを販売できる、と。それにしても「スクワラン」とは何と謎めいたひびきだろう！　もっともっとスクワランを知ろうと決意したのです。

実際にスクワランを販売してみますと、さまざまな反響がありました。「出産後の肌荒れが完全に治った！」「信じられないくらい良い」「今までどんな化粧品も肌に合わなかったのに、初めて安心して使える」…ｅｔｃ。

しかし、中には「赤いポツポツが出た」「肌がカサカサしてきた」という声も聞かれます。スクワランをいろいろとチェックしてみますと、化粧品原料としてのスクワランには、そのロットごとにわずかの差があることが分かります。一般の方々に分かりやすい純度で説明しますと、98％台〜99％台ですが、そのわずか0・01〜0・1％の差には原料となるサメの種類も関連してくるのです。とくに、プリスタンという成分はきわめてスクワランに近い化学式をもっており、ほとんど分離することができません。プリスタンは刺激性があり、たとえ少量でも敏感な肌には何らかの刺激を与えますから、プリスタンを含まないサメ肝油を選ばなければなりません。実際にはアイ鮫が最高といわれますが、アイ鮫に近い種類の鮫も多くいて、分類がむずかしい場合もあります。

さらに化粧品原料としてのスクワランの場合、実際に製品化する段階で他の原料と混ぜてしまうため、あまり厳密な純度は必要とされていなかったのです。それまでの精製方法では純度に限界やバラつきがあることもわかりました。

＊

私は、究極のスクワランを目ざそうと決意しました。精製度を調べる業界専門の7項目全てについて究極の数値を極め、本当に肌に安全で無刺激なスクワランを開発しようと……。

ハーバーが数年がかかりで、業界で唯一開発に成功した「高品位スクワラン」は、まさに究極のスクワランであると自信をもっていえるものです。酸価、ケン価、ヨウ素価…等の0・01の数値こそ、その証明といえましょう。

原料であるサメの厳しい選定はもとより、全く新しい装置を使い、精製をくり返して行うという製造過程により「高品位スクワラン」を可能にしたのでした。

しかし、それでもまだ、大きな疑問が残されています。

なぜ、スクワランは「肌に良い」のか……。

なぜ、スクワランで「肌は改善する」のか……。
私は、ついにその答えを見つけました。

⑥スクワランは、なぜ肌に良いのか。その美容効果に、明快な答えが……。

女性の肌が最もイキイキとして美しい時に、肌にしっとりとした艶を与えながら加齢で減少してしまうスクワランは、肌の美しさときわめて関連が深いことが判かります。しかしそれは「なぜ」なのでしょうか。そして「どう」使うべきなのでしょうか。

こうした疑問を抱きながら数年後、その答えとなる資料が見つかったのです。

それはアメリカの図書館にありました。スクワランは「なぜ肌に良いのか」「なぜ肌は改善されるのか」その答えが一編の論文に書かれていたのです。もちろんスクワランに関する注目すべき論文はほかにもありました。しかしながら、美容効果という面から考えますと、これ程までにポイントが明確で判かりやすいものはありませんでした。

米国化粧品工業界誌に発表されたこの論文は、脂質科学研究所のC・A・オーゲット博士が、脂質分析の専門家のA・M・カサノバ氏とヒスパノケミカル社のR・セレーズ氏の協力により編さんしたもので、皮フ科学や化粧品学の観点からまとめられているということが最大の特長です。

その資料を拾い読みしていた私は、最後の一ページで歓喜にふるえました。ついに探していたものを見つけたのです。それは6項目に簡潔にまとめてありました。

①（スクワランは）肌に柔軟性を与える天然の皮フ軟化剤である。
②皮フ呼吸を促進させる。
③皮フ内へ浸透して糖蛋白と混じり合うことができる。
④配合した相手方成分の皮フへの浸透力を高める。
⑤高温にさらされても、酸化や変質に対して強く抵抗する。
⑥配合した物質の融点を下げ、物理的に活発にさせる。

以上の6項目を見ても、一般の方はピンとこないかも知れません。そこで⑥から順にさかのぼって補足説明を加えます。

＊

⑥の融点については、スクワランを配合することにより、物質が非常になめらかな流動性を帯びるようになるということです。

⑤については、これは紫外線に対する抵抗力も極めて強いということです。また、④に関しては、スクワランを軟膏などに配合すると、軟膏の成分を皮フ内に浸透させる〝乗り物〟の役をする（ビィークル効果）ことを言っています。

次に③は皮フに深く浸透して混合し、保湿効果を高めることを意味しています。そして次の②こそ極めて大切な項目です。

皮フ細胞は人体の中でも、とりわけ迅速な代謝（約28日間周期）を必要としますが、新しい皮フ細胞の生育に不可欠なのが皮フ呼吸です。皮フ呼吸（主に炭酸ガスの放出）が順調に行われて、初めて、血液によって体内に運ばれた酸素が活動し、新しい皮フ細胞の誕生が促されるのです。この②の働きは、スクワランにもあります。その意味では、スクワランは、いわば化粧品による障害を軽減する働きを持っていることになります。

私は、スクワラン以外にこのような働きをする成分を知りません。高品質のスクワランだけが持つこの優れた特性こそ、私がさがし求めていたものだったのです。

どうしてもお化粧せざるを得ない方は、帰宅後は早く素肌に戻り、スクワランでケアして皮フ呼吸を助けてあげてほしいのです。代謝の促進こそ、シミを防ぐポイントなのです。シミは代謝が順調に行われていれば体外に放出されてしまいます。そして代謝の促進のためには充分な皮フ呼吸が不可欠なのです。

さて①については、これは角質が柔らかく薄くなって、しっとりしてくるということですから、ズバリ、小ジワができにくくなる。あるいは小ジワが目立たなくなるということです。角質は乾燥して厚くなるとシワを作りますから、天然の皮フ軟化剤であるスクワランは、何よりも自然で効果的な小ジワ対策になることを意味しています。

＊

私はこの資料によって、ついにスクワランの美容効果を明確に説得できる、理論的な根拠を得ることができました。論文中にあるオーゲット博士の実験データは、分析の専門家を参加させ、多様な実験を試みてスクワレン、スクワランを徹底的に分析したことが明らかにうかがい知れます。そして、この論文が高い評価を獲得したことは言うまでもありません。

私は、自信と信念をもってスクワランの普及を開始したのです。

⑦スクワランとの相乗効果を期待し、Gローションの開発に取り組む。

オーゲット博士の論文により、スクワランの生理活性や効能についての理論はゆるぎないものになりました。私なりに要約しますと、スクワランによって肌が本来の美しさを取り戻すのだということです。だからこそスクワランの発売によって多くの喜びのお手紙をいただきましたが、同時に、それに負けないほどの悩みや質問も寄せられるようになったのです。驚いたことに、悩みのほとんどはカサつきの問題でした。

スクワランは水分と混じり合いながら肌に浸透し、潤いを保ってしっとりとさせるのですが、それだけでは満足できない状態にまでカサつきに直面している方々が（一時的にカサつく方々も含めて）いたのです。カサつきは大抵クリーム類をつければ、即解決してしまいますが、クリーム類が肌に与えるデメリットの為に、かえって肌を悪化させる恐れがあります。それ故に、肌に安全なカサつき対策として、保湿性に優れ、肌を活性化し、スクワランと相性の良い化粧水を開発することが私の最優先課題となったのです。

肌のことは肌に聞き、肌に学ぶというのが私の根本哲学です。人間の身体はまさに生体成分の宝庫です。肌に安全ということでは、スクワランと同様、化粧水の主成分も生体成分であるべきです。

私は、多様な生体成分の中から保湿成分として迷うことなくヒアルロン酸（六千倍の水分保持能力を持つ）とコンドロイチン（フカヒレスープでおなじみ）ムコ多糖類コンビを主役に、さらにいくつかの成分を配合することにしました。

問題は肌の活性化に不可欠なミネラル成分にありました。天然水では力不足です。どのような天然水でもミネラルの含有量が少なく、肌の活性化は期待できません。いろいろな資料をチェックし、探索し、ようやく見つけたのがフランス製の〝ミクロマリーン〟でした。

人間の体液は、生命の発生地である太古の海水に似ています。とくにミネラルバランスが、塩分以外は理想的なのです。美しく静かな深海から汲み上げられ、塩分を大幅に除去したこのミクロマリーンはコップの水に少し多めに入れますと、イオン化します。ミネラルが肌になじみ、吸収され定着する為には、イオン化することが絶対の条件です。

このミクロマリーンこそ私が求めていたものでした。これを適量配合することにより、含有する多様なミネラルが肌に吸収され、肌を活性化させることは間違いありません。

＊

製品内容の骨子は、これで定まりましたが私はさらに欲張って、漢方の紫根《しこん》（皮フ保護作用、炎症緩和作用に優れている）、甘草《かんぞう》（皮フ保護作用、保湿作用があり、あらゆる漢方の80％以上に配合されている）のエキスの他、抗菌力のある植物エキスもプラスすることにしました。技術的にも幸運な発見があり、パラベン（防腐剤）のような旧表示指定成分を使うことなく、無添加で、かなりの抗菌力を持たせることに成功し、現在はさらに技術開発が進み、充分に安定した抗菌力を有するようになりました。

普通の化粧品の容器で一切の表示指定成分を使用しない化粧水の開発は、あまり例のないことだったのです。Gローションと名付けたこの化粧水は、おかげ様で大好評をいただき、年々スクワランに負けず劣らずに売れ行きが伸び、その後、リニューアルにより大幅に値下げすることができました。

スクワランとGローションという基本の組み合わせが出来たことにより、肌の状態や季節に合わせてスクワランを適宜多くしたり、逆にGローションのみをたっぷりとつけたりといった応用が、自由自在に出来るようになり、カサつきの悩みを解消することが出来ました。しかし、これだけでは解決できない肌のタイプの方々が、まだまだ沢山いることがわかってきたのです。

⑧様々なカサつきの悩みを分析し、キメ細かく対応する保湿製品を開発。

スクワランとGローションを一緒に肌につけますと、そのまま自然に（乳化剤の助けなしに）混じり合い浸透します。

普通肌の人にとってはこれだけで充分のはずですが、これだけでは充分でないタイプの方が多いことが徐々に分かってきました。

一つは、非常にオイリーな肌の方で脂分コントロールを必要としているタイプです。そこで私は、私の友人で海草抽出物の研究では日本有数の、ユニコロイド（株）の原田社長のアドバイスを仰ぎ、海草抽出エキスを活用したノンオイルの、ゼリー化の製品に取り組みました。それが保湿専用の「ジェリー」でした。（1）

「ジェリー」は肌の余分な脂分が吸収され、それが配合された保湿成分と混じり合い、さらに保湿能力を増すようにしてありました。そして、肌のオイルバランスを整え、サッパリ感がありながら充分な保湿が得られるということでした。

保湿成分としては肌への保護効果と保湿性で知られるＤＮＡ（核酸）を配合しました。

また、いまひとつの肌のタイプは、クレンジング等の使用により、肌の基本的な組成に必要な細胞間脂質を流出させ、肌がカサついてしまっている方に多いタイプでした。スクワランとＧローションだけでは間に合わないほどのカサつきになりがちで、特に合成の界面活性剤を使ったクレンジングを利用している方に多いのです。

しっかりメイクをすれば、しっかりクレンジングが必要です。その結果はかなり深部の細胞間脂質を喪失し、自然に補給されるまでに24時間以上を要しますから大変です。細胞間脂質は、肌の角質細胞をしっかり結合させ、抵抗力と保湿力を保っており、セラミド95％、糖脂質５％が自然結合しています。この物質は非常に大切で、謎めいた動きがあるところからスフィンゴ（スフィンクスのような）リピッド（脂質）と名付けられているほどです。

大手の会社が最近このセラミド（合成の）配合商品に力を入れていますが、ハーバーの場合は、人の肌に存在する自然な状態のスフィンゴ・リピッド（ＳＬ）をそのまま使用することにしました。コストは非常に高くつきますが、効力は合成のものよりはるかに優れ、配合量は少量ですみます。保湿成分としては、ジェリーと同じＤＮＡを配合し、漢方の代表的な成分である甘草も加えました。これがＳＬエッセンスです。（1）

＊

これらの保湿製品をＧローション（ミネラル、ヒアルロン酸、コンドロイチン、漢方エキス等を配合）と一緒に使いますと、生体にあるほとんどの保湿成分を集大成したことになり、総合力と相乗効果を発揮します。通常、他の化粧品会社では、化粧品に入っているほとんど同じ成分が乳液にもクリームにも同じ様に入っており、しかもそれらを同時に使わせようとしていますから、首をかしげざるをえません。また、ある通販化粧品のカタログを見ますと、何と成分の説明が全く見当りません。看板商品の石けんですら、何故その石けんが肌に良いのかの理論が全く書かれておりません。これは消費者をバカにしているのではないでしょうか。

化粧のしすぎは肌に良くないというその会社の理論は正しいのですが、成分が何か知らせずに、高級な商品を売ることには納得がいきません。その数分の一に相当する価格のハーバーの石けんでも、全く同じ効果か、それ以上の効果が得られることを私は確信しています。

ハーバーの基礎化粧品は、スクワランとGローションのコンビを核にしてオイリーな人にはジェリーを、メイクなどのクレンジングによりカサつきがちな人にはＳＬエッセンスをおすすめし、洗顔の後に最大３品のケアだけで完了する様になっています。

練り状の固形スクワラン「海の宝石」はスクワランの別タイプとお考えください。冬期の乾燥が激しい時や、パウダーをつける時等や化粧下地が必要な時にピッタリです。ハーバーの商品群は必要最小限に止めています。基礎化粧品以外は全て髪やボディー用のいわゆるトイレタリー商品です。スペシャルケア製品はさらに研究中ですが、基礎化粧品は、あくまでもシンプルであるべき……との、信念でやっております。

⑨無添加の信念を貫くハーバーの、石けん製品へのこだわり。

肌を洗うことはスキンケアの出発点です。顔も頭髪もボディーもすべて石けんで洗うべきだと思います。その理由は明白です。合成洗剤や合成シャンプー等は肌を荒らし、皮膚トラブルの原因になることが多いからです。合成洗剤に使われている合成界面活性剤は、強い洗浄力と皮膚の浸透性、なかなか分解しにくい性質、そして、ある程度の毒性があります。最近、若い人達の間で抜け毛やハゲ、白髪が増えて問題になっていますが、多くの場合、合成シャンプーの使い過ぎが原因です。

合成シャンプーは、汚れだけを落とすのではなく頭皮にとって大切な栄養分までも洗い流し、頭皮の内部へ浸透して残留します。また、髪を保護している蛋白質（キューティクル）を損傷し、髪内部の脂質をもろく細くしてしまいます。合成のシャンプーやリンスに使われる柔軟剤やコーティング剤の影響で、手に触れた限りではサラサラしていい感じですが、顕微鏡で見ますとひどいダメージを受けボロボロになっています。

＊

石けんは天然の界面活性剤です。皮膚に自然でやさしく、四千年の歴史の中でトラブルの記録はほとんど見当たりません。良質の石けんには、人の脂肪の過半数を占めるオレイン酸が多く、人肌と同質でやさしいのです。また、洗浄力も人肌の体温程度で最もよく発揮されます。

石けんは工業用として羊毛や絹の精錬に使用されますが、合成洗剤は蛋白質を破壊したりラノリンを流失させてしまうため使用できません。石けんが髪にいいのも同じ理由からで、適切な洗浄力によって髪がリフレッシュし、ツヤや弾力性が出て、強くしなやかな髪本来の力が生きてきます。

国民生活センターの調査でも、石けんシャンプーによって抜け毛が減ったり、毛が増えたりすることが報告されています。

＊

では、良い石けんとはどのような石けんのことでしょうか。油脂分と苛性ソーダの鹸化《けんか》によって得られる石けんは、理論的にはどのような油脂でも（廃油でも）作ることはできますが、洗浄力や固さ、使用感の点では必ずしも十分とはいえません。適度な固さがあり、泡立ちや洗浄力に優れ、しっとり感が残る石けんを作る為には、純良な、オレイン酸の多い油脂を生のまま四〜五日かけて釜で焚き込んで鹸化させ、グリセリンが自然に溶け込んだマイルドな原型を作ります。これに塩分を加えて分離させた生石けんをネリ機にかけ、時間をかけてねりにねって、最後に型を取ります。手間のかかるこの方法は鹸化法といいます。他に中和法と呼ぶ手軽に短時間で量産できる方法もありますが、鹸化法で作る石けんに比べ、純度も使用感も劣ります。

長い石けんの歴史の中で、名品の誉れが高いのは、フランスのマルセイユで生まれたオリーブ油石けん「シャポン・ド・マルセル」です。オリーブ油にはスクワレンが含まれ、しっとり感が得られ、オレイン酸の含有率も83％と高く、それ故に肌に自然になじみます。このマルセル石けんこそ、ハーバーのスクワラン入り石けんの原点なのです。

ハーバーの石けん製品の中で、開発に苦心したのが石けんシャンプーでした。一般の石けんシャンプーは洗髪後石けんカスが髪に残り、キシキシ感の原因になります。ハーバーは原料の油脂分を厳選し、時間をかけて丁寧に作りあげることでこの問題を解消。原価率が高いのが頭痛のタネという、スクワラン・シャンプーの誕生です。

＊

合成シャンプーを長く使用していた方は石けんシャンプーの使い初めに、多少キシキシ感ゴワゴワ感が気になるかも知れません。しかし、約ひと月ほど続けますと髪本来のツヤとコシが育まれ、しっとりしてきます。洗髪は週に二、三回で十分と私は思いますが、石けんシャンプーなら毎日お使いになっても大丈夫です。

欧米の水は石けん成分が溶けにくい硬水がほとんど。しかし日本の水は、石けんにも肌にもやさしい軟水です。合成シャンプーを使う必要は全くありません。

⑩合成の着色料をカットして美しく！　無添加のメイク製品。

かつて目にした新聞記事に「日本女性の厚化粧は今日でも、欧米の人々から奇異に思われているが、どうやら昔からのようだ」

として、さらに、今から四百年も前に来日した宣教師ルイス・フロイスの東西文化の比較論に言及し、「おしろいは一箱あれば一つの国に充分であるが、日本の場合は、おしろいの輸入船が何度来ても、まだ足りない……」とあきれかえっている様を記しています。

現在はファンデーションが、おしろいに代わり、その地位を占めています。

日本での、ファンデーションの使用量はすごいものがあり、化粧品が目新しい後進国ならともかく、なぜ、先進国である日本が……と、驚かれているのが事実です。

化粧のしすぎによる害は、すでに常識となっており、厚化粧を続けていると、素肌はかすかに黒ずんで生気を失い、老化現象の主要な原因となることは明らかです。

欧米の女性が厚化粧をするのは、パーティー等の特別な場合に限られています。

世界有数の皮フ科医ウィリアム・モンタグナは、こういっています。

「黒人の皮フは紫外線のあるなしにかかわらず、メラニン色素がたえず働いて黒くなるが、見かけと異なり敏感で弱い。

対称的に、白人の肌はどんなに陽光を浴びてもメラニンが働かずに白い。そのため紫外線が侵入しやすく、皮フがんが多い。だが皮フそのものは頑丈だ。

日本人の肌は最も理想的で、紫外線が強いと黒くなって防御するし、冬、ビタミンDの合成に紫外線が必要な時は白くなって紫外線を吸収しようとする。まるでサーモスタットのように機能的で、うらやましいくらいだ。それなのにどうして、日本人は厚化粧をしてせっかくの機能を妨げるようなことをするんだろう」

答えようのない問いかけですが、日本人の肌を欧米人がうらやましがっていることは事実です。日本人の厚化粧。それは化粧品メーカーの宣伝に乗りすぎているのでしょうか。それとも、国民性なのでしょうか。

＊

メイクアップには色素は不可欠ですが、色素としては、限られた種類の天然色素と顔料、そして石油から分離、合成されたタール系色素しかありません。

残念ながら、美しい色はすべてタール系なのです。

当時、食品ではタール系色素は11種を除き禁止されていましたが、化粧品の場合は83種類が認められていました。(2)

最も多く使用されるのは口紅ですが、口紅も食品と同様ではないでしょうか。

タール系は、赤色二一九号などいろいろですが、発がん性や遺伝毒性、光による突然変異などが懸念されます。

タール系を使わずに美しい色を出すことはほとんど不可能、というのが業界の常識でしたが、ハーバーはハーバーらしい商品に取り組むことにしました。

＊

ファンデーションについては、皮フ呼吸障害や皮脂分泌の障害のないものにしぼられました。ファンデーションの大きな役割は紫外線を防ぐことですが、紫外線を最も効果的にカットする微粒酸化チタンを基本に、ハーバー独自の粉末スクワランを加えることによってさらに紫外線カット率が高まり、同時に肌の潤いを守り保護する効果も得られました。ただ、唯一の欠点は、粉末であるために肌の皮脂を吸収しやすく、カサつきやすいことです。しかしこの点は下地として練り状の固形スクワラン「海の宝石」をご使用いただくことで解消できます。

色数は限られますが、肌にマイナスとならない、肌を保護する新しい思想のファンデーションが誕生したのです。

口紅については、色出しに大変な苦労がありました。天然色素の紅花を使い一度は発売した口紅が、予想以上に紅花に合わない人が多く、発売を中止して根本的な改良に取り組まなければならなかったからです。

テストの段階では好評で、何ら問題はなかったのですが、実際には予想以上に敏感な人が多かったわけです。

紅花の生産地を徹底的にチェックし最良の品質のものを選定し、さらに工夫を加え、ようやく自他ともに認める、唇にやさしい無添加の口紅が完成いたしました。やや色は落ちやすく、色系も鮮やかではありませんが、シックな色合いの、唇の細胞に色移りしにくい（色素沈着のない）、安心してご使用いただける口紅と自負しております。

最近、とれない口紅がブームになっていますが、良心的なお店では「唇が荒れやすいよ」と、ひとこと注意して売っているのが実態で、唇への負担は覚悟しなくてはなりません。唇は粘膜に近く無防備なのです。〝唇に、もっと愛を〟と、私は心からお願いしたいと思います。

⑫紫外線にはプラス効果も。怖がらず、適切なケアがだいじ。

紫外線は確かに〝悪者〟しかしある程度は肌にむしろ与えるべきです。

その理由の一つは、肌を健康に丈夫にしてくれるから。そしてもう一つは、ビタミンDの合成を助け、カルシウムの吸収率を高めてくれるからです。

北の国では、陽光不足による「小児マヒ」の発生率が高く、その予防のために短い夏の間に、むさぼるように肌を焼こうとします。

紫外線は、春から秋にかけては避けるべきですが、冬は肌に浴びても良いのです。

紫外線を化粧品で防ぐ場合、二つの方法があります。一つは紫外線吸収剤を使う方法で、日焼け止めクリームや乳液の主成分として配合されています。

吸収剤は、ある一定の時間を過ぎると酸化が急速に進行しますから、有効時間（普通は二〜三時間）を過ぎたら取り除かないと肌に刺激となり、シミなどのダメージを与えてしまいます。そして、ある程度の紫外線吸収剤が角質へ浸透してしまうため、結局は皮フの中へ紫外線を吸収してしまうことになり、かえってシミの原因になってしまうのです。

従って、吸収剤入りのクリームや乳液は使用すべきではないと思います。

＊

さて、紫外線を防ぐもう一つの方法とは、紫外線を反射してカットする反射剤です。

その主役は無機顔料の酸化チタンで、変質や皮フへの刺激の心配がなく、使い方次第で肌への負担がほとんどないうえに、極めて高いカット効果が期待でき、あらゆるタイプのファンデーションに使われています。

おすすめはパウダータイプです。肌の脂分を吸収するため、カサつきやすいという欠点はありますが、肌への負担はほとんどなく安全で、安心です。

【註】

（１）いずれの商品も現在は発売されていません。

（２）このレポートは一九九二年（平成四年）に発表されたもので、その当時の状況にそって書かれています。

第九章　付録②　中村天風さんのこと

中村天風さんは数奇な人生を送られた、いまも多くの人たちに慕われる偉人です。小柳さんは中村さんの人生を非常に尊敬しておられました。

二〇〇六年にごらんのような小さな冊子をお書きになって、中村さんの人生哲学を称賛しておられました。小柳さんがお書きになった、唯一のまとまった出版物ですが、これを本書の巻末に記載させていただきます。

（編集者）

もう20年も前のことです。

私の知り合いに板橋のN大病院の若いインターンの先生方がおりました。彼らはいつもある魅力的な看護婦の話をしていました。皆、あこがれていたのです。実は彼女はかなり前から勤めており年齢も決して若くはなく、特に誰も注目していたわけではないのですが、なぜか最近になってその美しさと明るさが目立ち、彼女の存在がまぶしくなって、若い医者達がさわぎだしたのです。彼らの熱い想いもむなしく、まもなく彼女は結婚のため退職して行き、若い医師達はひそかに残念会を開いたものでした。相手の男は幸せだよな、ということで意見は一致したのです。

それから一年半程たったある日、若い医師の一人が女性から外出中に声をかけられました。疲れの目立つ年配の女性だなと思いましたが、よく見ると何とあのあこがれの彼女だったのです。彼女の結婚相手は、実はサギ師のような男で他にも多くの女性をダマしており、彼女は数カ月前に別居に踏み切ったというのです。

この事実はほかの若いインターン達にとっても大きな衝撃でした。心が与えるすさまじい肉体への影響に驚いたのです。

別の話です。一九八〇年頃のことです。

私の所有していた池袋のパブレストランに、3人の美人がしばしばやって来ました。お互いに友人同士なのですが、それぞれすばらしい個性的美人で評判でした。特にその中で男性ファンが多かったのがJさんという名の女性で実に明るく豪快ともいえる笑い方をしていました。他人の悪口を決していわず、他の人が悪くいっても、むしろムキになってかばってあげることがしばしばでした。

ある時Jさんがたまたま一人で来た時、彼女の話をゆっくりと聞くことができました。

驚いたことにJさんには中学一年の頃までは暗くて陰気、何でも悪い方にとってしまう性格であったそうです。自分でもそんな性格はいやだったのですが、ある日尊敬する担任の先生からコンコンとさとされ、楽しいときには思い切り笑うように努力をしはじめました。少しずつ明るくなり、友人に好かれるようになり、今まで嫌いな人ですら良い点が見えるようになっていました。

明るく笑うことが天性になって、どうしても陰気な考え方ができなくなったというのです。

性格は変えられる。私はすごく大切なことを教えられたと思いました。

この小本は「カタログ情報誌HABA」に連載中の「研究所からのメッセージ」7号から13号までの分をまとめ、多少、筆を加えたものです。連載中から、まとめて読みたいとのご要望が多く、遅ればせながら今回ようやくまとめることができました。これをまとめている時、思い出したのが冒頭の二つの体験です。自分の心がコントロールできたならば、と考えたことのある人は多いに違いありません。不可能だと誰もが思っていることでしょう。でもそれができるとしたら…、その答えの一つがここにあると思います。拙文でお恥ずかしい限りですが、いろいろな悩みを解決するためのほんの一助に…お役立ていただければ幸いです。

まず最初に、心の悩みの解決法は？

人間は、人間らしい存在になった太古の昔から、心の悩み、心の弱みを持っていたに違いありません。

自分では思うようにならない心の悩み故に、様々な人生の悲劇喜劇が生じ、人生の罪悪も生じます。それゆえにギリシャ神話が生まれ、叙事詩が生まれ、哲学が生まれ、宗教が生まれてきたのでしょう。

キリスト教や仏教は、そんな愚かな心を持つ人達を救うためのものでしょうが、それだけでは心の煩悩を解決できない人々は、悟りを求めて、ヨガや密教による厳しい修行に励んできました。

近年、心と身体の強い相互作用のことが次第に明らかになり、心が肉体に与える強烈な働きが解明されるようになりました。喜びの時、肉体は全ての機能が最高潮になり、悲しみや苦しみの時は、最低にまでその機能が落ち込んでしまいます。身体が健全な時は、どんな精神的な苦しみにも耐えられるのに、体調が悪いと気が弱くなって、ちょっとしたことにも悩み、迷路に入り込んでしまいます。

私達凡人が求めているのは、高邁《こうまい》な教えや高度の訓練ではなく、わかりやすい教えと具体的で簡単な心の管理法です。私はそんな方法があれば、それはノーベル賞ものだ…と思っておりました。しかし、実は、自らそれを悟り、実行し、それをわかりやすく具体的に教えてくれた人がいたのです。驚くべきことでした。心のコントロール法などがあるとは思ってもいなかったからです。私にとってその人との出会いは、まさに好運そのものというべきものであったのです。

その人とは中村天風《なかむらてんぷう》師です。

昭和四十三年、師は九十二歳で逝去しましたが、師の教えは時の政府にすら強い影響を与え、財団法人「天風会」として東京・文京区の護国寺に会館があるほどです。師の教えを受けた人は東郷平八郎、山本五十六両元師をはじめ、原敬首相、尾崎行雄法相、横綱双葉山、松下幸之助、ロックフェラー三世、その他スポーツマン、芸術家、一般の人々と多様を極めています。

現在では、本屋に行きますと経営書のコーナーに、師の本が多数並んでおり、大企業、中小企業を問わず、経営者にとっての必読の書の一つといわれております。私の出会いとは師の本との出会いという意味なのですが、その本から学んだ師の人間性と、師の教えの内容を探ってみたいと思います。師は通常「哲人、中村天風」と称されており、宗教家ではありません。したがって師も天風会もいかなる宗教ともまったく関係がありません。念のため、申し添えさせていただきます。

私たちの美と健康にとって最大の敵〝ストレス〟に挑戦し、心の悩みを解決することは可能なのだろうか。そのための心の管理法は…。それを自ら実行し、具体的にわかりやすく教えてくれた人、中村天風師の人間像からはじめましょう。

天風師の弟子であり、合気道十段で『氣』の名人である藤平光一《とうへいこういち》先生は、天風師のことを次のように記しています。

『中村先生は、青年期には日清、日露両戦争で、軍事探偵として大陸の奥深く潜入して活躍しましたが、死病といわれた奔馬性結核にとりつかれたため、治療を求めてアメリカに渡り、自らも近代医学を勉強して、コロンビア大学で医学博士の学位を取得しました。その後、吐血しつつインドの秘境でヨガの大聖人に教えを受け、日本人にして初のヨガ直伝者となった方です。日本に帰ってからは自ら街頭に立ち、人間の神秘な力と道を説き、東郷元師や著名な思想家の杉浦重剛《すぎうらじゅうごう》までもが先生の門下生になるほど、その教えは人の心を打つものでした。

中村先生はいいました。「心と身体という、この命を形成しているものの関係、ちょうど一筋の川の流れのごとく、切れず、離れない。そうして、つねにこの川の流れの川上は心で、川下は肉体だ…」。先生の講演のなかに「心が身体を動かす」という言葉があり、私ハッと気がついた…。』

藤平先生は、心身統一こそ合気道の根本であることを悟って、自分の心をコントロールすることに専念。次いで相手の氣を導くことを会得して最高位の十段になったのです。

人間はだれでも氣を発することができると教え、自らも氣で病気が治ることを実証し、「氣圧療法」によって横綱千代の富士の肩の脱臼を治したことは有名です。

天風師は、小さいころからたいへん度胸のすわった子供でした。死を恐れず、十六歳の時には出刃を持つ年上の男性と素手で喧嘩をするほどで、二十六歳で参謀本部の諜報部員になります。

師の精神力の強さは人並みではなく、いくつもの伝説があります。ある時、コサック騎兵に捕えられ、銃殺される寸前でも鼻唄を歌っていました。危機一髪を味方の手榴弾で助かるのですが、諜報部員というのは非常に危険な任務で、屈強の同志百十三名の中、帰還したものは僅か九名だったそうです。

しかし、帰国後三十歳の男盛りの時に、急速に死に至る不治の「奔馬性結核」に冒され、当時の最高権威、北里博士の治療を受けても好転せず、絶望の淵に立ちます。それからの師は、次第に氣が弱くなっていき、脈が気になる、熱が気になる、咳が気になる、便まで気になっていきます。「死刑の宣告を受けても顔色ひとつ変えなかった私が、病になったら、どんなか弱い女性でもこれほどにはなるまいと思う程弱くなっちゃった」と述懐しています。

あまりに意気地のない自分が情けなく、救いを求めて医学、宗教、哲学、心理学の書を読みあさります。

明治四十三年。スエッド・マーデンという哲学者の『いかにすれば希望を達し得るか』という本に感動し、座して死を待つよりも、と救いを求め、教えを乞うために病身をおしてアメリカに渡ります。しかし、彼からは何も得られません。次いで発明王エジソンの神経病を治した哲学者カーリントンに会いに行きますが、これも駄目。

そこでロンドンに渡り、H・アデントン・ブリュース博士の講座「精神活動と神経系統」を受けますが、博士は「考えれば考える程神経が過敏になることは考えない方が良い。思っていけないことは忘れなさい」と答えます。考えてはいけないことを考えずに済ませられれば苦労はないわけです。それができないから悩むのです。

次いで、リヨン大学のリンドラーから「鏡による暗示法」を学び、さらに病状悪化する中をドイツに入り、当時の世界一の哲学者ハンス・ドリュース博士に会います。

博士には「心というものは絶対に人間の自由にならないものだ。もし、人間が心をコントロールできれば、哲学も宗教もこの世に生まれはしない。それを教えてくれる人がいないかと探しまわるのは、海の魚を森の中で捕まえようとするほど滑稽なことだ」といわれてしまいます。天風師も「世界一の大学者ですらそういうんだからもう駄目だ」と失望のどん底で「せめて日本で死のう」とマルセイユの港を後にしますが、帰途、偶然にエジプトで停泊中、船に同乗していたヨガの大聖人カリアッパ師にめぐり会うのです。

同師に連れていかれたヒマラヤの山村で二年数カ月の修行を積み、ようやく「悟入転生」の新天地を拓き、病気は急速に好転しはじめます。

時に師は三十七歳。日本人として、初のヨガ直伝者となった師は、九十二歳の天寿を全うするまで、その生涯を、人に教え人を救うために捧げたのです。その教えは、心の悩みの解決法というべきもので、自分ではどうにも解決できぬ様々な心の悩みを解決する方法をわかりやすく説いており、この方法こそ正に私たちが探し求めてきた究極の「心の健康法」というべきものであったのです。

その結果、多くの人達が救われたことは多数のお弟子さんが証明しています。師の弟子には医者が多く、日本有数の多くの医学博士が教えを受けています。医者だからこそ心のコントロールのすごさ、心のありようのすごさ、大切さを知っていたともいえるでしょう。

正直に申し上げて、こうして私ごときが師の教えをお伝えするのは大変なことなのです。

師の講演集を読んでみますと、ユーモアたっぷりの〝べらんめい調〟で、しかも具体的でわかりやすく、少しも偉ぶっていません。しかし、医学的な話をすれば、通常の医者の処方の誤りをつき、禅の話をすれば、キリスト教・イスラム教・仏教の根本的特長と長所、短所をついてきます。師の講演会場には大学の医者のみならず、有名な僧侶も弟子として聴きに来ています。師自身がコロンビア大学の医学博士であり、ヨガの直伝者であり、心のコントロール法をも知っているが故に説得できるのです。

さて、そんな師について書かれた多くの書物から、その教えの要点をまとめてみます。天風師の教えを一言で表すならば「心身統一法の確立」につきるでしょう。心が身体に与える決定的影響力について、正確に理解することが大切です。心と身体は完全に一丸となるべきもの、この両者を絶対に自然法則に背かせないようにすることによって「生存力の確保」ができるというのです。

まず心については、どんな時でも積極的でなければなりません。積極的であることが、常に尊く、正しく、清く、強く生きることはありません。一見、あたり前のことのように感じるかもしれません。しかし実はこれはすごい真実を述べています。「積極的な心がけ」こそ、心のあり方の最大のポイントなのです。

まず精神を統一し、体の抵抗力や耐久力を強めるのですが、習うよりも慣れろという、人間の順応性を応用して習慣的な心の持ちようによって力強い肉体をつくるように実行していきます。

この心身統一の根本条件を実行すると「心と身体」が期せずして結合統一され、その結果生命力がぐんぐん増大し、健康はもちろん運命までも好転して、幸福な人生を得られ、本当の生きがいを感じるのです。

私たちにとって、積極的精神以上に大切なものはないといえます。健康も長寿も成功も、極論しますと、人生のすべてがこの積極的精神で決定されるからなのです。ところが、たいていの人はこのことに気づかず、健康や長生きというと、肉体に施す手法や鍛錬が何よりも重大と考え、また運命や成功のためには、学問や経験が大切であるように思い込んでいます。

もちろん、それも必要なことに違いありませんが、むしろそれは第二義的なものといえましょう。心が積極的であれば、人生はどんな場合でも明朗撥剌、勢いの満ちたものになり、はたから見て不可能だと思えることでも、可能にしてしまいます。強調したいのは、この積極的な精神が先天的に十分与えられていないように思えても、正しい方法を意識して系統的に実行しさえすれば、だれでも強くすることができるということなのです。そのため心得のいくつかを挙げてみましょう。

①自分の心を強く持つ努力をする。
私にはムリだとか、私はダメだとか考えてはいけません。

人間にはだれでも、生まれつき与えられた天賦の積極的精神というものが必ず潜在しています。
②現在の自分の心が積極的か、あるいは消極的になっているかを、常に第三者の心になって冷静に検討します。
そして自分に言い訳をせず、勇気を持って消極的な考えを追い出します。
③他人の言葉や行動の中の消極的なものに影響され、引き込まれないようにします。
④多くの人が気づかず、意外に多いのが「取り越し苦労」。
これは絶対にしてはいけないことです。まるで運命の墓穴を掘っているようなものです。
⑤本心、良心に反する言葉や行動をしてはいけません。
やましさのために心の力が萎縮して、つい消極的になってしまいます。
⑥自分の中に暗いものがあっても、努力してできるかぎり気分を明るく朗らかに振るまいます。

これらを実行するためには言葉が大切です。

絶対に消極的な言葉は使わないことです。「困った」「弱った」「情けない」「しょうがない」「腹が立つ」「どうにもならん」。こんな言葉や不平不満を口にしないよう気をつけ頑張ってください。『この世の中にはろくろく食べられない人、着物も家もないような気の毒な人が、どれだけいるかわかりません。欲張りさえしなかったら、今の境遇に、むしろ感謝と喜びを感じることができるでしょう。「人生でいちばん嫌な病や不運を与えられてしまった、何が感謝だ！」と考えている人に申し上げます。そもそも病とか不運とかいうものの原因を考えてください。何も自分に落ち度がなくて、病や不運がくるはずがないのです。すべて原因あっての結果です。自分の生き方に間違いがあるから、「その間違いを自覚しなさい」と教えるために病や不運がやって来た、そう考えるべきなのです。とするとこれは大きな恵みなのではないでしょうか。くやんだり、嘆いたり、心を弱くする暇があったら、本来の積極的な方面に心を振り向けることです。結局、自分の心のおきどころ次第なのです』

そして、完全に精神を積極化するには、簡単でわかりやすい実践方法が不可欠です。

「観念要素の更改」とか、「神経反射の調節」、更に「精神の統一法」などが必要ですが、それは順次述べさせていただきます。

師はヨガの大聖人カリアッパ師の下での二年数か月、煩悩し、苦悶し、悶え、必死になって考えます。

「我とは何ぞや」、「私はこの世に何のために生まれてきたのか」との答えを探りつづけ、ようやくにして宇宙の創造主が人間にのみ与えた「心の偉大さ」に気がつきます。そして「身体の病は身体だけのことで、心まで病気にすることはない。不運が来たとしても、心まで不運の中に紛れ込ますことはない」ということがわかります。

師はそれから前後八年がかりで考えに考えて、「人間の心を自分で自由にする方法」をついに完成させました。

その方法は次の三つに集約されています。

①過去に、潜在意識に溜めてしまった消極的意識を取り去り、さらに積極的意識を養成する「観念要素の更改＝心の洗浄方法」

②現在の生活・生命を支配している大切な神経系統、その生活機能を正常に保つ為に、大きなストレス・ショック・不運を受けた時に行うヨガの秘法クンバハカ、および自己暗示法による「神経反射の調節＝心の安定と強化方法」

③「我とは何ぞや」ということを、正しく理解することによる「心身統一法の完成」

この三つになります。これを実践するために、師が八年がかりでまとめたやさしい方法とは…。

師はこういっています。

①「心の洗浄方法」

池の上に石を放ったとします。「ポチャーン」と波が立ち、静かに岸の方へ行き、波は岸で止まらずまた元のところへ戻ってきます。「遠心力の波及は永久である」とする物理学の法則通り、いっぺん放った石の波は目に見えてなくなった後も永久にこの世に存在しています。

人間は知らず知らずに消極的に考え、その観念を潜在意識の中に澱（おり）のように溜め込んでいます。

過去の嫌な思いや行動がすべて心の奥深い所へ溜め込まれ、無意識のストレスになっています。

その結果、神経は過敏になり、見るもの聞くものみんな心配の種、シャクの種になってしまい、幸福な中にいても、自分が幸福であることに気がつかなくなります。

神経過敏な人は忍ぶことが忍べない人です。「これが腹立てずにいられるか、ひとごとならともかく、己のことだ、己のことを心配しなかったら馬鹿者だ」と思っています。実はそう思っていることこそ馬鹿なんです。ならぬ堪忍ができる為には、心を掃除して過去の澱をクリーニングすることが必要になります。

私たちは夜の寝際にお風呂に入ります。お風呂に入るのは、垢・汚れをとるためですが、実は肉体よりも心の垢・汚れをとることが必要で大切なのです。

実際にお風呂に入るのと同じ気持ちで、これから毎晩、眠りにつこうとする前に、心の掃除をする習慣をつけなければなりません。夜の寝床に入ってからが大事になります。眠りにつくまでの間、何にも考えないで眠りにつくのが本当の理想ですが、これは出来ません、普通の人間には…。そこで無念無想になりきれていない人でも、ある程度理想的にできる方法があります。

それは夜の寝際、できるだけ、昼間関係した消極的なことやいやなことを思い出さないようにすることです。思い出せば考えざるを得ないからです。夜は寝るためのもので、一日の疲れを癒して、又明日の生命の甦（よみがえ）りをいただくための安息の時です。そして夜の寝際は「無条件で同化しやすく、暗示を受け入れやすい状態」になっています。

ですから寝際に考えたことは、良いことも悪いことも、そのまま高感光度のフィルムが感光するように、パーッと潜在意識に刻印されてしまいます。師ですら長い間知らなかったといっています。「自分でも剛勇無双だと自認していたのが、毎晩毎晩身体の不調のことを考えているうちに、見るも惨めな神経過敏になっちゃった。昼間どんな腹立つこと苦しいことがあっても、夜の寝際の心に持ち込んではだめなんだ、ということがわからなかった」と…。「夜寝ていても何にもわからなかった」と。夜寝ていて何にもわからない時にでも、宇宙の創造主の無限の力が入って来ています。

科学的に云うと眉間から入ります。それが大脳の中に入り松果体を経て神経系統の一番大事な「みぞおち」のソーラー・プレキサスに受け入れられ、そこから、身体の急所に分配されることが医学で証明されています。

消極的なことを思い出さずにはいられないという人は、ごく初心者用のやり方をおすすめします。

夜寝る時には、思うほど楽しく、考えれば考えるほど嬉しいことだけ思ったり考えたりするのです。何かあるでしょう。何かありますよ…。人に言えないことで面白いことや楽しいことがきっとありますよ。それを思ったり、思い出したりするのです。嬉しく楽しい気持ちになれば心が清々としてきます。

だんだん、だんだん、心がきれいになっていきます。きれいな気持ちになって寝ることを一生懸命やりましょう。毎晩毎晩、ただそれだけでいいのです。それだけでどんどん心の中がきれいに洗われてくるのです。これが観念要素の更改＝心の洗浄方法のやさしい実践方法です。

さて次は、もう一歩進めて、心を再び汚さず、理想的にするための方法をこれにプラスして実践いたしましょう。「鬼に金棒」の良い状態になりましょう。

そのために、昼間心掛けるべき大切なことがあります。

このことは、前にも書いたことで繰り返しになりますが、「言葉」が何より大切なのです。言葉に気をつけることです。明るく朗らかに積極的な言葉しか使ってはいけないのです。言葉はいってしまった時、その音響は無くなったようでいてその波動が残り、実在の意識が感じ、それが潜在意識へ直接的に影響します。

言葉は「ことだま」というのが本当で、魂から出る叫びなんです。消極的な言葉を言えば、そのまま悪い暗示を植え付けていることになります。積極的な言葉を言っていれば、自分では気づかないうちに、生命の一切が極めて良い理想の状態になります。

天風師は他人のことを悪くいったりしますと、悪くいった言葉と嫌な感情がその人の潜在意識に残ってしまい、結局、いった人本人にマイナスの影響のみを与えることになる、といっています。

夜の際にせっかく心の洗浄を行っているのに、昼間にそれを悪くしてはいけない。昼間は明るく積極的な言葉のみをいうこと。それによって良い潜在意識をプラスしてやれば鬼に金棒だ、といっています。

②「心を安定強化する方法」

私たちが生きている根本に、神経系統の生活機能があります。考えた事や感じた事がこの神経系統を通り、身体に作用しているわけですが、この受け入れ＝神経反射を適切に調節することを心掛けなければなりません。

『現代のような摩擦と刺激が多い生活ですと、神経反射の調節なしには、神経過敏の方へどんどん進んでいかざるをえないのです。皆さんはご存じないでしょうが、神経過敏ほど悲しいものはありません。

神経が過敏になると、ちょっとした感覚や感情のショック、衝撃が誇大に心に伝わるものです。心に何かの衝撃が起こると、すぐ肉体に変化が現れます。腹が立てば青くなり、びっくりすれば震え、嬉しければ笑い、はずかしいと赤くなります。目に見える肉体の表面にこれほどの変化が出るとしたら、喜怒哀楽の感情が、肉体の内部にどれほどの変化を現すだろうかと考えなければなりません。一見何の原因もないように見えても風邪をひき、目がまわり、頭が重くなってしまいます。ストレスの学説を発表したのはフランスのハンス・セリエ博士ですが、彼はストレスがなければ、人間は百五十歳でも二百歳でも生存可能だが、ストレスのために五十歳以下でも死にうる、しかしこのストレスを防ぐ方法はないといっています』

師は苦心惨憺の後、ついにこのストレスを調節し、やわらげる方法を発見しました。ヨガの哲学の中でいちばん階級の高い、ラジャとカルマという精神方面の哲学を極めた時、師はヨガの秘法ともいうべきクンバハカをさらに集約した方法こそ、大きな精神的ショックを受けた時にショックをやわらげる〝緩衝材〟の働きをなすという事に気がつきました。

ヨガの難航苦行を行うためには非常に強い心と肉体が必要で、このクンバハカを土台として、その上にいろいろなヨガの行があるのです。それを深めて、心を安定強化するための実践的行としてまとめた天風式の「クンバハカ法」について、天風師自身の言葉を引用します。

『その方法を、まず第一番に簡単にお教えしよう。感覚なり感情なりの衝動、ショックを受けたら、急いで身体の三か所を特別な持ち方をするんです。身体の三か所とはどこだというと、肛門とおなかと肩です。腹の立つこと、心配なこと恐ろしいこと、何かにつけて感情、感覚の刺激衝動を心に感じたら、すぐ肛門を締めちまう。そして、おなかに力を込めると同時に、肩を落としちまうんだ。

この三か所がそうした状態にされた時に初めて、感情や感覚の刺激衝動が、心には感じても神経系統に影響を与えないという、いわゆる影響を減ずる効果がある。これを「クンバハカ」というんです。

普段の習慣としていちばん大事なのは、肛門をしょっちゅう締めること。

従来歩くんでも、ものを考えるんでも、かように長くしゃべっている時でも、肛門が締まっていると、何でも来いの強い状態になれるんです。あのね、肛門を締めて、おなかに力を入れて、肩を落としたというだけで、身体の組織の抵抗力が違うのよ。たとえば、人間の身体で一番の急所はみぞおちです。こいつに強い衝撃を与えたならば、当て身が入りゃこの世からおさらばしちまう。けどクンバハカやっていると、どんなに強く来たってびくともしないんです。

ですから、精神的方面のことも、いま言った方法をやるだけでカーっと変わっちまう。そこで、習慣をつけるのにいちばんいい一石二鳥の方法がある。いま言った身体の持ち方を応用しながら、折あるごとに時あるごとに、深呼吸をすることを稽古なさい。息を吸うときよりも、出すときが肝心なのよ、呼吸っていうのは。深呼吸は出すだけ。最初、肺臓の中の悪いガスを出すことが大事なんです。呼吸なんだから「呼」のほうから先になさい。クンバハカをしながらやるんです』

師のいうこの方法は、実際にやってみなければ何一つわかりません。やってみるとわかりますが、肛門を締めるためには正座するときは、やや股を開き気味にするのがよく、さらにヨガのように座った方が、より締めやすいことがわかります。そしておなかを引き締めますと、背筋が伸びて良い姿勢になります。「尾てい骨のすぐ上の仙骨を立てるようにする」のです。この姿勢で肩の力を抜き、上体の力をゼロにします。

こうして瞑想しますと、今までと違う自分を発見することができるはずです。

私の場合、瞑想している私自身を、ずっと大きくなったもう一人の私が見ている感じになり、私自身が、或いは私のいる地球そのものまでが眼下に小さく見え、もう一人の私ははるか宇宙にまで同化しているように感じることがあります。そして、悩みひとつひとつの本質が見え、解決方法も見えてくるのです。

さて天風師自身の語りで、天風式の「クンバハカ法」のやり方を紹介いたしましたが、肩の力を抜きながら同時に丹田《たんでん》（下腹部）と肛門を締めるというこの方法は、人間が最悪の状態から、すく立ち直るための実践方法といえるでしょう。

実はこの体勢はスポーツ、武道などのかまえとよく似ており、肩の力を抜くのは共通の大切なポイントです。

ゴルフのかまえ方では青木プロが肛門を締めろ、と常に言っています。野球の王さんは選手時代、スランプの時、天風師の弟子である合気道十段の藤平氏から丹田の下部に気を集めるかまえを教わっています。

太極拳、剣術、柔道、空手等みんなこのような体勢をとります。肉体的に最強のかまえなんだと思います。

そして師は、このかまえが同時に精神を守る素晴らしい方法であることに気がついたのです。

　ショックを受けたり深く苦悩している時にこそ、この「クンバハカ法」が必要になります。普段からこの練習をしていますと、大きなショックを受けたり、重大なピンチになった時に、とっさにこの「クンバハカ法」ができるようになります。これで助かった数多くのお弟子さん達がおり、実例が多くあることを知っておいてください。師は誰でも簡単にできる心の強化方法としてこれが最適であるといいます。普段から、軽くこの体勢をとりながら静かに長く息を吐きます（一日に何度でも、特に朝の寝ざめと夜の寝際が効果的）と、精神面のみならず肉体までも強化され、生命力あふれる肉体と精神を得ることができるといっています。

③「安定座打法（あんじょうざだほう）」による精神統一法の完成

さて最後に瞑想法の究極「三昧（ざんまい）の境」に至る安定座打法をご紹介しましょう。

キリストや釈迦が、瞑想により悟りを得たように、ヨガや禅でも、目指すは瞑想による無我の境地と悟りです。無念無双のこの状態になれた時には、雑念や悩みがありませんから、すべてのストレスから解放された人間は、宇宙本来から与えられた素晴らしい生命力、自然治癒力を最大限に発揮し、不治の病すら完治する程の心身状態になるのです。この状態こそ、宇宙と人間の生命の完全な一体化の状態といえましょう。

師は、インド山奥のゴーゴーたる滝の前で瞑想を続けるうちに、ある時、そのすさまじい滝の前で瞑想を続けるうちに、ある時、そのすさまじい滝の音も、何も聞こえない境地に入っている自分に気がつきます。師がこの境地を悟り、その境地に没頭しはじめた頃から、八年も続いていた難病による熱が出なくなり、喀血が止まり、病から急速に解放されていったのです。人間の持っている生命力の何という素晴らしさでしょうか。通常は、修行者達が長年かかって悟りうるこの境地を、何とか、一般の人々に簡単に教える方法はないものかと考え、工夫の末に生まれたのが「安定座打法」なのです。

まずリラックスした姿勢で静かに目をつぶり、師の言葉を聞きましょう。

『さて、これから諸君は水の流れるようなブザーの音が聞こえてきます。このブザーの音に嫌でも心が引き入れられる。この引き入れられる時が「有我一念」だ。この引き入れられた耳を通じての心の定まりが、トーンと音の耐えたせつな、本当に瞬間的に何にも音のない世界を感じる。この音のない世界、無声の境地、これが霊的境地、禅でいう「三昧境」。そして、音のない世界が宇宙の真実相で、それが宇宙本体のエネルギーの遍満存在している状態だ。

何の感覚も、何の意識的な反応もない。慣れれば、シーンとした世界に、どんなうるさい場合でも、ヒョーイと心をのりかえることができるようになる。だから、よしんば肉体に病が起ころうと、精神的に何かの苦痛が起ころうと、ヒョイとのりかえることができるが、いきなり始め、今日からすぐというわけにはいかない。

最初はね、ブザーの音に引き入れられなさい。（ブザーの音が響く）……この境地に入っているときは「有我一念」。心がブザーにズーッと引きつけられている。

このブザーの音が瞬間絶えます。絶えたとき、瞬間ではありますが、初めのうちは、ほんの一秒か二秒、シーンとした世界が味わえる。やがてこの境地が長く味わえるようになりますが、最初の間は途絶えた瞬間だけ物理現象で、フーッと無念無想になれます。またすぐ我に返る。しかし我に返っても慣れると、またすぐサーッと無声の声のほうにのりかえられます。（ブザーの音が絶える）……最初の間は絶えず私が、我に返らないようにブザーと鐘で、あなた方を無言の幻境のなかに引き入れるお助けはしますがね。鐘でも同じこと（鐘の音が響く）…鳴っている鐘の音に心が引き入れられていきます。だんだん、だんだん、鐘の音が余韻余剰を残しながら、耳から去っていきますときに、無音の幻境、無声の境地が味わえる。

だんだんに音が小さくなるだろう。その音が聞こえなくなった所に無声の境地があるんだ。本当の宇宙の姿というものは、音なき世界、空の世界なんだ…。だから、いつでも心の使いかたで、自らを空の世界におけるわけだ。空の世界には、甦りのちからがあふれるほどたたえられている。そこにこころがフーッと寄ると、生命の全体が無限の力と結びつく、というのが自然原理だ。』

この「安定座打法」、ぜひお試しください。何度か試して（時には誰かの助けを借りて）いるうちに、想像でブザーの音を考え、その後にフッと無音の世界に入れるようになるはずです。

天風師の教えはまだまだありますが、基本的に大切な三つの実践法、何とかご理解いただけたでしょうか。

〈心身統一の基本法に、さらにプラスして実践して頂きたいのが、鏡を使った暗示法ともいうべき方法で、天風師自身も生涯この方法で自己を絶えず改革しておりました。

一日の中で最も暗示を受け入れやすい寝際に、鏡に正対し、しっかり自分を見据え、「お前は明日の朝信念の強い男になっている」と口に出していうのです。むろん小さな声でもよいのですが、声に出していってください。

翌朝目覚めと共に「さあ信念の強い男になったぞ」と言います。この場合は必ずしも声に出さずとも、心にしっかりというだけでも良いのですが、これを毎日続けると強い自己暗示によって自分の性格を良い方へ変えることができるのです。

これは、天風師や私などに必要な暗示ですが、あなたの場合「明るくてほがらかな女になる」で良いのです。

大きな心でひがまない。意志が強くなって間食をしない。いつも冷静で人前でもあがらない。等…、色々とあるでしょう。天風師はさらに実際には、「今日一日幸せでした。ありがとうございました」と唱え、朝には「すばらしい朝です。今日一日よろしくお願いします」と唱えなさい、といっています。

私自身、仕事で困難に直面し、夜眠れぬ時など、自分を強くするために必死で自己暗示を行ったものです。鏡の前で祈るのを忘れてフトンに入ってしまい、そんな時はそのまま気を静めて心の中で暗示をかけたりしました。

次の例は、鏡こそ使っていないものの、自己改革を暗示法によって行なった実証の一つといえると思います。

かなり前ですが、「週刊文春」に掲載された上前淳一郎《うえまえじゅんいちろう》氏の「読むクスリ」の頁に、作曲家の服部和彦氏の話が載っておりました。

服部さんは大変短気で激昂家でした。父親もそうであったといいますから、遺伝なんですね。氏は家の中でいつも怒鳴りちらしますから、家庭の空気もピリピリしていました。本人も、何とかそんな自分を変えたいと思ってはいたのですが、性格を変えるなどということはなかなかできることではありません。しかし、ある日ある本に「怒った人間の吐く息はどす黒くなり、この成分を集めてモルモットに注射すると即死する」と書いてあるのを読んでショックを受けます。「三毒を追放せよ」というその本に教えられて、氏は三毒の追放に挑戦します。三毒とは「怒る・ぐちる・嫉（ねた）む」のことです。

毎日、朝起きた時と夜寝る前に、静かに座して目を閉じ、心を空にして三〜五回「怒らない、グチを言わない、嫉まない」と唱え続けます。しかし、なかなか効果は出ず、途中何度も、もうやめようかと思います。それでも続けて半年ほど経った頃から、感情にブレーキがかかり始めます。感情が激した時、とっさに内なる声がやめろと言い聞かせるようになり、ついには、怒りもグチも嫉みも感じなくなったのです。

するとまず、家庭の空気がすっかり変わります。奥さんが明るくのびやかになり、二人で仲良く買い物や食事などに出かけたりして、商店街の大売り出しの「くじ引き」ではカメラが当たります。また喫茶店では、一年分のコーヒー券が当たる幸運も舞い込みます。いろんなツキが向こうからやってきて、仕事も好調、まわりには笑いが絶えません。幸運のみならず、多くのすばらしい出会いにも恵まれます。

「怒らない、グチを言わない、嫉まない」何とすばらしい言葉でしょうか。ぜひお試しください。

この場合、鏡を使った暗示法ならば、もっと効果が早くあらわれたと思いますが、いずれにしろ最低六ヵ月は続ける必要があります。そうすると、自分が変わっていくのを必ず実感することができるでしょう。保証いたします。やがて全く新しいあなたになり、充実した新しい人生を歩むことになるはずです。

天風師が毎日三唱しなさいと教えた誓詞があります。ここまで学んでくればその凄さがきっとわかってきます。

しめくくりとして、師がインドの山奥の瞑想で無の境地を悟った時、「心の持ちよう」の大切さを悟るきっかけをつかんだお話しをいたします。

滝の前で瞑想し、雑念や妄想が次第に消えていった時、師はふと、パリで読んだイマヌエル・カントの伝記を思い出すのです。カントは、ドイツのケーニヒスブルクの貧しい馬の蹄鉄屋の家に生まれます。因果なことに彼は〝せむし〟で、背中にコブがあり、身体がゆがんで胸が小さく、生まれついての喘息もちでした。脈はいつも120をこえ、いつもゼイゼイと今にも死にそうな子供でした。毎日毎日苦しみながら、それでも十七歳を迎えたとき、父親はカントを「駄目でモトモト」と、半ばあきらめつつ、年に数回巡ってくる有名な医者のところへ連れて行くのです。この医者は、じっくりカントの様子を見てからいいます。

「あなたは本当に気の毒な身体をしている。辛かろう、苦しかろう。それは医者として見ただけでわかる。しかし、それは身体だけのことだ。身体は確かに気の毒な状態だけれど、心はどうでもなかろう。心まで〝せむし〟みたいにゆがんで、息苦しくてゼイゼイしているのならともかく、あなたのいうことも心もしっかりしている。身体のことで辛い、苦しい、といくら騒いでも、父さんや母さんやみんなが辛いだけで何にもならない。それよりも、心のしっかりしていることに感謝しなくては。死なずにいるのはそのおかげなんだよ。そのことを喜びと感謝にしていけば、身体の方も次第に軽くなって良くなっていくものなんだ。このことがよくわからないようだったらお前は本当に不幸なんだよ」

カントは、家に帰ってからこの言葉をじっくりと考えます。人間というのは、身体あってのものだろうか、心あってのものだろうか…。そしてついにカントは、世界が誇る大哲学者への道を歩み始めました。

天風師は、すっかり忘れていたこの話を思い出したのです。「心の持ちよう」の重要性をこの時に悟ったのです。そして師の病気は急速に良くなっていきました。最後に、最近のアメリカにおける「癒し療法」について、雑誌「クォーク」特集からご報告し、この小本の結びとしたいと思います。

アメリカの「ノエティック・サイエンス研究所」が１８６５年以来、20カ国にわたる医学文献から、あらゆる病気の自然退縮に関するもの１，３８５例を集めて、その中から悪性腫瘍（いわゆるガン）の自然退縮例を２１６例紹介しています。フランスのルルドの泉の場合でも、１９０５年、法王ピオ十世が、専門医による厳しいチェックを取り入れ、さらに、外部の医学的権威によるチェックをも加えるようになってからも、実に65例の「奇跡的治癒」が確認されています。

これらの例から最近の医学は、末期的なガンであっても、何らかの理由で自然に治癒することはありうる、という事実を認めるようになりました。自然退縮はなぜ、どのような仕組みによって起こるのでしょうか。それが全てではないにせよ、「免疫系の働きが大きいことは確か」といえます。そこから、免疫とその周辺の学問が進展し、それら相互の関わり合いを探る『精神神経免疫学』などの新しい学問が展開するようになってきたのです。

生体防御を担う細胞は、常に周囲の状況によって活性が変化しており、ガンに対しても、免疫系の活性が低下した時にガン細胞は増殖を始め、免疫活性が向上した時には逆にガン細胞を殺してしまいます。

実は、「心」こそがその活性に強い影響を与えあっていることが最近わかってきました。「神経系から出される神経伝達物質のエンドルフィンには、免疫系のNK細胞（ウィルスに感染した細胞を攻撃する細胞）の活性を高める働きがある」、この事実に基づき免疫活性を調べた結果、サウナの好きな人が摂氏100度のサウナ風呂に15分入ると、免疫系の活性が50～100倍に上がり、NK細胞の活性も5倍上がることが確かめられています。しかし熱いのがいやで、サウナを苦痛と感じる人の場合、逆にNK細胞の活性が5分の1になってしまうことがわかりました。同じサウナでも、快感と感じれば免疫が強化され、苦痛と感じれば免疫は劣化するのです。神経系のみならず、内分泌のホルモンにも同様の作用があり、ストレスを受けた場合、神経の反応のしかたによって、免疫系の反応が変わります。

また、ストレスに対して積極的に対応する時は、ＮＫ細胞の活性が上がり、消極的で逃避的であれば下がるのです。このように、最近の医学で急速に研究が進行しているのが「心の持ちよう」の重要性です。心の持ちよう一つで病気になり、病気が治り、改善されたり、悪化したりするのです。天風師が何十年も前から説いていた「心あっての身体」に、現代の医学はようやく気づいたといえるでしょう。快適に感じる時、それを声に出して言えば効果は何倍にもなります。お風呂に入った時、「ああ幸せ、あたたかくて気持ちいい…。」散歩しながら「緑がきれい、心が洗われる…。」部屋の花にも声をかけます。「いい香りだわ、ありがとう…」

間違って否定的な言葉を言った時は、すぐに訂正してやると良いそうです。夏の暑い日に「うわー暑い…、けれど、汗をかいて身体にはいいわ」という具合です。身体を守っている自分自身の本当の力＝免疫力がこうすることによって何十倍も強化されるのです。ですから心の中にやましさや迷い、後ろめたさがあってはいけません。

天風師が「毎日三唱しなさい」と教えた誓詞があります。何でもないあたりまえのように見えますが、ここまでご一緒に学んで来ますと、この誓詞のすごさがきっとわかってきます。それをしめくくりといたします。

誓詞（我らの誓い）

今日一日
怒らず　怖れず　悲しまず
正直　親切　愉快に
力と勇気と信念とをもって
自己の人生に対する責務を果たし
恒に平和と愛とを失わざる
立派な人間として生きることを
厳かに誓います

私は美と健康を助けるための商品開発という目的をもって、一九八三年にハーバー研究所を設立いたしました。

徹底的に表示指定成分の無添加にこだわった自然化粧法と、最新の理論に基づく健康食品を徐々に開発してまいりましたが、美も健康も、究極には心の状態が最も影響する、という事を実感してまいりました。

心の幸せ、心の満足なくしては、人生そのものに何の意味もなく、価値もなく、逆に心の幸せがある時に人間は本当に人生を味わい、その人の魅力が輝いてまわりの人を魅了し、幸せのあたたかい恩恵が広がっていくのだと思います。

そのためには常に積極的に、明るく純粋な心を持たなくてはなりません。心に一切のやましさ、まよい、逡巡《しゅんじゅん》があってはだめです。仕事でも同じことです。私なりにどこに出しても、どんな機関でテストしても、どんな専門家のチェックがあっても納得させることのできる商品のみを開発し、販売して来たつもりです。価格もこだわって来ました。

天風師にしかられないようにしようと思ってきました。

様々な苦しみを繰り返しながら、師の教えを思い出し、再読してまいりました。

普段は忘れていても、悩みある時には教えを思い出し、自己改革のための暗示法を行なったりしてきました。

この小本があなたにとってもそんな存在でありますように念願しております。

再読する毎に、その時の心の状態によって、新たな教えを得ることができると思います。

お手元においてあげてください。

ハーバー研究所所長　小柳昌之

編者によるあとがき

小柳昌之さんは、平成の最後の年、三十一年（二〇一九年）の二月二十四日に、肺炎のために亡くなられた。享年八十だった。

病を得たのち、再起を期して闘病生活をつづけていたというのだが、志にたがって、人生を終えられたことに、氏の評伝を執筆した者として無念の思いを抱かざるをえない。

まず、最初に深い哀悼の意を記しておきたいと思う。

あらためて、小柳昌之さんがインタビューで語った言葉を読み返すと、いたるところでＨＡＢＡという、彼が精魂こめて作りあげたブランドに対する［愛］がひしひしと伝わってくる。

思い出せば、氏の伝記『北の男』執筆のために、取材に取りかかったのはいまから七年ほど前のことで、旬日を超える長いインタビュー取材のなかで、氏はその波乱と風雲に満ちた人生の軌跡を饒舌に、ときには後悔の念をにじませながら、苦闘に満ちた過去を語った。

ハーバー研究所を創設し、業界に参入するまでの三十数年間の経緯は『北の男』第一部にまとめたので、そちらをお読みいただきたい。

人間は死んでその形が定まるといったのは小林秀雄だった。

小柳昌之とはどんな人間であったのか、亡くなられた後に遺された、原稿用紙で五百枚ほどの、遺言のようになってしまったこの回想の記録を読み返すと、氏が熱心な求道者であったこと、人生を賭して夢を追いつづけた人間であったこと、死はやむをえず訪れたが、むしろ幸運な企業人であったことがよくわかる。

わたしもまた、小柳昌之が築き上げた、ラッキーの兆候に満ちたＨＡＢＡというブランドがますます、長々しく繁栄、発展していって欲しいと願う。

余談になるのだが、二十世紀フランスの哲学者、Ｊ・Ｐ・サルトルの『実存主義とは何か』のなかに［投企］という言葉が出てくる。投企について、サルトルはこう説明する。

人間はみずからつくるところのもの以外の何ものでもない。（これが）実存主義の第一原理なのである。（略）われわれは人間がまず先に実存するものだということ、すなわち人間はまず、未来に向かってみずからを投げるものであり、未来のなかにみずからを投企することを意識するものであることをいおうとするものだからである。人間は苔や腐食物やカリフラワーではなく、まず第一に、主体的にみずからを生きる投企なのである。（1）

サルトルは哲学者だから、生きること総体についてこういう言い方をしている。

手元に原書がないので確認できないでいるのだが、曖昧な記憶だが、たしかサルトルがentrepriseと書いたのを訳者は投企と訳していたのではないか。

わたしが持っているフランス語の辞書によれば、entreprise（アントレプリーズと発音する。英語表記ではenterprise＝おなじみのエンタープライズという語彙である）という言葉の意味を調べると❶企て、計画、❷企業、事業とある。そして、この言葉は辞書のなかでアントレプレナー＝（起業家、entrepreneur）という言葉と並べてその言葉の次に記載されている。

実存主義的に、つまり哲学的にいうと、投企はひとりの人間の考えを理念として、その実現のために行動を開始することである。それが社会とのつながりのなかで人間が生きていくことの本質だというのだ。つまり未来に向かって生きることが人間として生きることの真実だというのだ。

このことを経済学の範疇で言い直すと、投企とはまさしく直截的に起業を意味している言葉だろう。サルトルと同時代のオーストリアの経済学者、ジョセフ・シュンペーターは起業(entreprise)を、「社会的革新(イノベーション)のための原動力であり、これによって経済は成長し、社会的変化が生じる」最重要行為と位置づけている。

シュンペーターの主著『資本主義・社会主義・民主主義』のなかに、こんな一節がある。


資本主義体制の現実的かつ展望的な成果は、資本主義が経済上の失敗の圧力に耐えかねて崩壊するとの考え方を否定するほどのものであり、むしろ資本主義の非常な成功こそがそれを擁護している社会制度をくつがえし、かつ、「不可避的に」その存続を不可能ならしめ、その後継者として社会主義を強く志向するような事態を作り出すということである。(略)最終結論においては私もたいていの社会主義的著者、ことにすべてのマルクス主義者のそれと異なっていないのである。けれどもこの結論を受け入れるためには、何も社会主義者たるを要しない。(2)

細かに説明するところまでは避けるが、よくマスコミなどで論者がすっかり成熟し尽くしてしまった日本の資本主義社会を「まるで社会主義国家のようだ」といったりするのはたぶんシュンペーターのこの謂いとつながっている。

起業の成否、可不可はその国の資本主義の発達具合、金融資本の成熟とか、法的規制の整備とか、社会的なルールと大きく関連している。そして、起業は資本主義社会の変化＝変革を促す主要な推進力なのである。投企＝起業は二十世紀の中葉にサルトルらが実存主義をさかんに喧伝し、流行し、歴史の表舞台から消えていったあと、ベンチャービジネスというような意味で使われるようになるのである。

考えてみると、ヨーロッパ、アメリカを含めて先進資本主義国では二十世紀の中葉におこなわれた政治的革命運動はほとんど成功しなかった。しかし、その政治的な理念と主張によって人間的刺激にあふれた時代が到来して、その政治的エネルギーが消尽され尽くしたあと、戦争や闘争のかわりに市場での競争を中心にした経済活動、さらには大衆の生活のいたるところでさまざまの革命的な変動が起こった。

電気器具や自動車の普及、情報網、メディアの発達、さらにたとえば個人向けのコンピュータ、つまりパソコンの出現（アップルなどによる）は、社会構造全体をそっくり作りかえるところまで来ている。

ここではいちいち例証はあげないが、歴史のなかで過去、さまざまの投企が成功したことで、社会はその有り様を猛烈な勢いで変えていった。

そして、それはいまも一種の永久運動のように継続している、と考えるべきだろう。

これは逆に考えると、そういう、時代の進む方向性に対応というか、適応した起業家が長い年月を生き延びることのできる可能性を保持している、ということだろう。

起業家の多くは全体的には成熟した産業社会のなかの、まだ未熟な市場に参入して、その市場自体を育てることに腐心するわけだから、全ての新しいビジネスはベンチャーである、と書くこともできるだろう。

だから、まずもっての問題は想定されている市場の将来的な可能性である。

シュンペーターは起業＝イノベーションの特長として、新しい財貨の生産、新しい生産方式の導入、新しい販売先の開拓、原料あるいは半材料の新しい供給源の確保、新しい組織の実現、などのことがらをあげて説明している。すべて、どの項目も新しいのである。

小柳昌之もそういう範疇に括ることのできる企業家のひとりだった。

彼は研究熱心な人だった。模倣を嫌い、つねに新しく独創的であることを信条として生きた。

小柳昌之の人生のなかには、たしかに、人間がなにかを成し遂げるために必要な［幸運］を招き寄せるヒントが随所に盛り込まれている。その生き方のなかには人間が自分なりに描いた夢が現実になるために、なにが必要か、人間の運命をひもとく、秘密の鍵が確かにある。

たぶん虚言を弄せず、独創を追い求め、新しい、人々の生活に役立つ商品を必死で作り出そうとした、その生き方が彼の投企（くわだて、起業）を成功させたのである。

このことを、小柳さん本人は、「先ず、ひたむきな努力だ、そして、実直に生きることだ」と言っている。

そういう地味な生き方が人生を幸運に作りかえてくれる、というのである。

わたしも、彼のこの言葉を信じて、実直に努力を積み重ねて生きていこうと思う。


【註】

（1）『実存主義とは何か』一九五五年刊　人文書院　伊吹武彦訳　J・P・サルトル著　P・18
（2）『資本主義・社会主義・民主主義』一九九五年刊　東洋経済　中山伊知郎他訳　シュムペーター著　P・62

【著者】

小柳 昌之（こやなぎ まさゆき） 1939年北海道美唄生れ。慶応大学経済学部卒業後、大平洋大学に参加し諸外国を巡航。大宅壮一氏、大森実氏、秋山ちえ子氏に師事。帰国後、美容と健康問題に深い関心を抱き、1983年、ハーバー研究所を設立。独自の、高純度のスクワランを中心とする、徹底して安全で高品質な成分にこだわった無添加主義の美容とビタミン等の栄養補助食品の普及に努め、ハーバーを現在の規模の企業に育て上げた。2019年2月、肺炎のために死去。享年80。

遺された言葉

2023年5月20日　初版印刷
2023年5月25日　初版発行
著　者　小柳昌之
発行者　堀内明美
発　行　有限会社 茉莉花社（まつりかしゃ）
〒173-0037　東京都板橋区小茂根3-6-18-101
電話　03-3974-5408
発　売　株式会社河出書房新社
〒151-0051　東京都渋谷区千駄ヶ谷2-32-2
電話　03-3404-1201（営業）
https://www.kawade.co.jp/
印刷・製本　株式会社シナノパブリッシングプレス

落丁本・乱丁本はお取り替えいたします。
ISBN978-4-309-92190-7

北海道出身
快男児
小柳昌之

北の男

ご先祖様は北海道の初代開拓判官。炭鉱町美唄に生まれ、大志を抱いて上京。都会の雑踏で苦学しながら慶應義塾の経済学部を卒業。食品会社で駅弁の販売、バブ・レストランの経営、独立し池袋の夜の世界で大活躍、四十歳を過ぎてある日、一念発起してＨＡＢＡを創業。波瀾万丈の人生の遍歴を綴ったったノンフィクション小説です。

北海道開拓興亡の秘史
池袋西口盛り場での冒険譚
ＨＡＢＡ研究所を創業した
風雲児の人生の激流の物語

ISBN978-4-309-92084-9
四六判　上製本　総ページ数498　定価2300円（税別）